AF473635

LA GUERRE D'ORIENT.

IMPRIMERIE CH. GRUAZ, A GENÈVE.

LA
GUERRE D'ORIENT

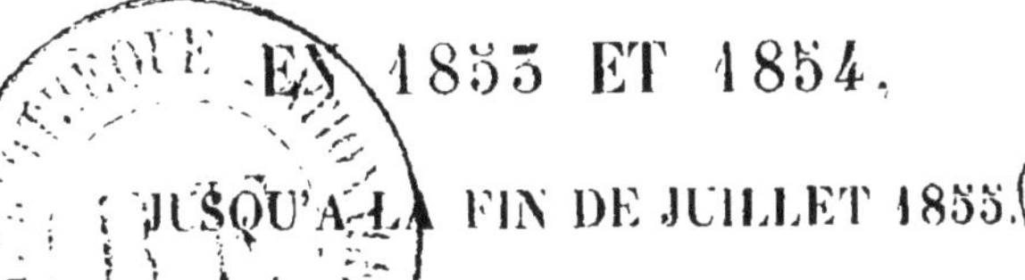

EN 1853 ET 1854,

JUSQU'A LA FIN DE JUILLET 1855.

ESQUISSE HISTORIQUE ET CRITIQUE

DES CAMPAGNES SUR LE DANUBE, EN ASIE ET EN CRIMÉE,

AVEC UN COUP-D'OEIL

SUR LES ÉVENTUALITÉS PROCHAINES;

PAR

Georges KLAPKA,
ancien général hongrois.

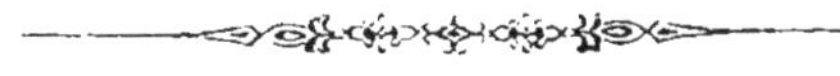

BRUXELLES,
A. BLUFF, ÉDITEUR. 12, RUE DES PLANTES.

GENÈVE, LAUFFER ET COMP., Guillaume-Tell.

LONDRES, CHAPMANN ET HALL, Piccadilly.

1855

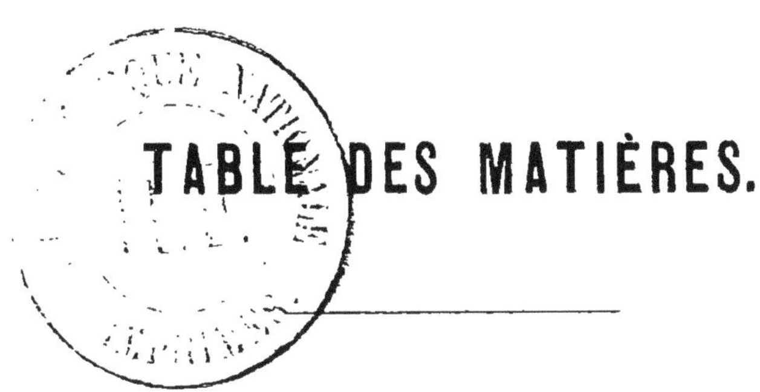

TABLE DES MATIÈRES.

CHAPITRE IV.

La situation.

CHAPITRE V.

La vraie guerre contre la Russie.

AVANT-PROPOS.

Au début de la guerre actuelle, je me suis rendu en Orient; j'y ai passé la plus grande partie de l'année 1854, et j'ai pu, en mainte occasion, me convaincre de la manière dont les affaires y étaient dirigées. A mon retour, j'ai suivi de même avec attention le développement ultérieur du grand drame. Enfin, comme militaire, j'ai recueilli, ne fût-ce que pour mon usage particulier, les renseignements nécessaires à une appréciation juste des opérations et des résultats qu'il est permis d'en attendre.

C'est ainsi, et au moyen de nombreuses et authentiques communications reçues de mes amis dans l'Orient, que se sont rassemblés les matériaux des feuilles suivantes, lesquelles n'ont aucune autre prétention que celle de livrer un petit supplément à l'histoire de la guerre présente. On pourrait me faire le reproche de ne pas avoir bien choisi l'époque de cette publication; car, au milieu d'une campagne, les chances se modifient chaque jour, et par là, les points d'arrêt deviennent pour l'historien extrêmement incertains et vacillants. Cette objection est parfaitement fondée, et elle m'engage à confesser que la publication de cet opuscule a aussi un autre objet, celui d'éclairer la question : Si, et jusqu'à quel degré, la conduite de la guerre par les Alliés se trouve d'accord avec le grand but qu'ils ont annoncé à leurs peuples. Contribuer à cela, est, d'après mon opinion, le devoir de tout homme qui prend à cœur les intérêts de l'humanité et l'avenir de sa patrie, et qui ne veut pas aveuglément nier les dangers qui, du côté de la Russie, menacent l'occident de l'Europe. Par ce motif, j'ai cru pouvoir entreprendre sans délai la publication de ce petit ouvrage, qui, sans entrer dans une critique trop scientifique, ni dans les détails, embrasse l'ensemble de la guerre et des opérations militaires de l'Orient.

Que le lecteur veuille bien considérer le livre de ce point de départ ; et ma manière de voir fût-elle erronée, je me contenterais volontiers de la conscience d'avoir servi indirectement la cause, par une discussion des questions que j'aurais soulevées.

Aux bords du Léman, Août 1855.

CHAPITRE PREMIER.

La Campagne sur le Danube.

I.

Ce fut au printemps de 1853, que le Tsar Nicolas crut le moment venu de faire un pas de plus vers le but que ses prédécesseurs s'étaient posé dans l'Orient, et qu'ils n'avaient jamais perdu de vue.

La position réciproque des grandes Puissances, la condescendance de la Porte à l'égard de l'Autriche, le succès douteux des armes turques dans le Montenegro, tout cela fit mûrir enfin à Saint-Pétersbourg la résolution d'adresser à la Turquie des réclamations, qui, si elles eussent été accueillies, auraient fait passer très-pacifiquement dans les mains du Tsar les droits de souveraineté sur onze millions de sujets ottomans. La Turquie repoussa ces prétentions, et il s'ensuivit l'occupation des Principautés danubiennes.

Ce que l'on ne pouvait obtenir par des menaces et par les manœuvres diplomatiques de Mentchikof, on voulut alors l'arracher par une démonstration à main armée. Mais ce moyen lui-même ne réussit pas cette fois ; et les Turcs, préférant la chance des combats à une ruine déshonorante, se décidèrent, après que leurs sommations réitérées, touchant l'évacuation des provinces occupées, furent restées sans fruit, à déclarer la guerre à la Russie.

Les forces russes qui avaient passé le Pruth en juillet 1853, consistaient en 70,000 hommes, y compris les troupes laissées en Bessarabie, et se composaient du quatrième corps d'armée et d'une partie du cinquième, ensemble beaucoup trop insuffisant pour une attaque contre la Turquie, et également trop faible pour défendre avec succès les contrées occupées ; ce qui prouve du reste que, pour le moment, on ne songeait qu'à effrayer « l'homme malade ».

Le prince Gortchakof, commandant des troupes d'occupation dans les Principautés, qui paraissait mettre au rang des impossibilités une attaque de la part des Turcs, répartit son armée, avec la plus grande sécurité, sur toute la Valachie, de Kalafat jusqu'à Galatch ; il n'avait réuni nulle part une force un peu considérable, et il établit en toute assurance son quartier-général à Boukharest.

Les Turcs, de leur côté, envoyèrent sur le Danube toutes les troupes disponibles ; mirent en bon état les forteresses de cette ligne, lesquelles, dans les derniers temps, avaient été fort négligées ; établirent, sur divers points du fleuve, de nouvelles fortifications ; et rassemblèrent, dans le courant de l'été et de l'automne, une armée qui, avant l'ouverture des hostilités, atteignit le chiffre de 90,000 hommes de troupes régulières, et celui de 30,000 hommes de troupes irrégulières. Le commandement supérieur de ces forces fut confié à Omer-Pacha, général énergique et expérimenté.

Omer-Pacha appuya son aile gauche sur Widdin, concentra son corps principal entre Roustchouk, Silistrie et Schoumla, et poussa son aile droite dans la Dobroutcha.

Au commencement d'octobre, le généralissime turc somma, pour la dernière fois, le prince Gortchakof, d'évacuer les Principautés danubiennes ; et ayant, cette fois encore, reçu une réponse négative, il donna l'ordre d'ouvrir les hostilités sur tous les points. Les premiers coups furent tirés devant Isaactcha, et cela contre une division de la flotille russe du Danube. Un événement plus important fut le passage du Danube à Kalafat, par l'aile gauche turque, et la retraite des détachements russes qui s'y trouvaient. Mais le fait le plus grave fut le passage de ce fleuve, sous la conduite d'Omer-Pacha en personne, entre Roustchouk et Silistrie, près de Totour kan. Omer-Pacha put y disposer de 50 à 60,000 hommes, et il réussit à s'établir sur la rive gauche du Danube, près d'Olténitsa. Une vive attaque des Russes contre cette position, le 4 novembre, fut brillamment repoussée, et tout le monde attendait, plein d'anxiété, la continuation de la marche des principales forces turques vers Boukharest, lorsque, huit jours plus tard, arriva la nouvelle que les Turcs avaient évacué la rive valaque, et que leur corps principal s'était retiré sur Schoumla, pour y prendre, ainsi que dans les environs, ses quartiers d'hiver.

A peine douze lieues séparent-elles Olténitsa de Boukharest. Après la victoire du 4 novembre, la route était ouverte à Omer-Pacha. La supériorité numérique et morale existait du côté des Turcs. A cause de la grande dispersion de leurs forces, les Russes n'auraient pu leur opposer, sur cette ligne, plus de 25,000 hommes. Pourquoi Omer-Pacha ne profita-t-il pas du premier élan de ses troupes? Pourquoi n'essaya-t-il pas de tomber sur les Russes ébahis et surpris, et de les battre complètement? L'énigme est maintenant résolue : *la diplomatie ne le permit point.*

Immédiatement après la première nouvelle de l'ouverture des hostilités et du passage du Danube par les Turcs, l'internonce autrichien représenta aux ambassadeurs de France et d'Angleterre à Constantinople, le danger qui pourrait résulter pour la paix générale de l'Europe, d'un conflit plus grand, plus sérieux entre les Turcs et les Russes ; et les deux représentants des Puissances occidentales se décidèrent à insister auprès de la Porte, pour que l'ordre fût donné à Omer-Pacha de se contenter de son succès, et de repasser le Danube.

II.

Cependant on put se convaincre bientôt que les espérances de paix n'étaient qu'une illusion, et que la guerre deviendrait plus sérieuse et de plus longue durée qu'on ne l'avait d'abord présumé. Toutefois, le moment n'était pas encore venu pour les deux puissances occidentales, de prendre part, à main armée, au conflit commencé ; mais il aurait été aussi bien dans leurs intérêts que dans leur devoir, de protéger, autant que possible, l'augmentation des forces turques, au lieu de l'empêcher ; et, de l'autre côté, d'entraver, autant que faire se pouvait, l'accroissement des forces russes, au lieu de le favoriser.

Un des moyens les plus sûrs, pour atteindre ce but, aurait été l'occupation de la Petite-Valachie, et un appel à la population de cette province, ennemi acharnée des Russes. La Petite-Valachie fut, après le passage du corps de Widdin sur la rive gauche du Danube, entièrement évacuée par les Russes. Des patriotes valaques offrirent de se charger de l'œuvre insurrectionnelle, et de procurer et d'étendre la levée en masse dans toutes les vallées du sud des Carpathes, sur les derrières de l'armée russe. En même temps, un corps régulier de Valaques devait être organisé dans les places du Danube, pour opérer plus tard, en rase campagne, à côté de l'armée turque. Outre ces avantages, l'occupation de la Petite-Valachie assurait encore les suivants : 1° une position sur le flanc de l'armée russe, position qui eût grandement gêné l'ennemi dans ses opérations ultérieures contre le gros de l'armée turque; 2° de riches ressources matérielles pour l'approvisionnement de l'armée, ressources qui, dans le cas opposé, profitaient aux Russes; 3° la sauvegarde de l'influence turque sur la population des contrées danubiennes, et l'empêchement d'une extension ultérieure de l'administration établie par les Russes; 4° l'éloignement des intrigues et de la pression directe de la Russie sur les populations de même race et de même religion, en Servie; 5° enfin, l'avantage de couvrir la route de Sophia. Mais la diplomatie se mit de nouveau en travers, prétextant que l'œuvre de pacification commencée par elle n'était aucunement encore dans un état désespéré; qu'il ne fallait pas la rendre impossible, et spécialement pas inquiéter l'Autriche médiatrice, en rapprochant trop de ses frontières le théâtre de la guerre, et en lui inspirant des craintes pour sa sûreté.

C'est ainsi qu'il arriva, grâce à la sage prévoyance de la diplomatie, que de toutes les chances favorables qui se présentaient au commencement de la guerre, on ne put profiter pas même d'une seule; et que les Russes, en recevant de nouveaux renforts, et en créant des réserves, purent, sans être aucunement entravés, mettre, dans les Principautés, leur armée sur un pied qui non-seulement égala celui des forces turques, mais qui, dès l'hiver, le dépassa considérablement.

Les empiètements de la Russie, sur terre et sur mer, marchèrent naturellement du même pas que la mollesse et la faiblesse de la Turquie et que l'aveugle zèle de ses amis pour la paix. A la vérité, la Russie avait déclaré ne vouloir rien changer à la législation et aux institutions des Principautés; mais à peine ses colonnes y eurent-elles pénétré, que non-seulement le tribut légal au Sultan fut retenu, mais que les autres caisses du pays furent pillées à cœur-joie. Tout rapport avec le Sultan, leur souverain, fut interdit aux gouvernements des deux pays, et cela même avant la déclaration de guerre. Les deux hospodars furent forcés de déposer leurs charges, et un gouvernement russe fut institué; les milices valaques furent incorporées dans l'armée russe, et enfin l'on envoya dans toutes les directions des autres provinces turques, des agents chargés de soulever les populations slaves et grecques. La Russie s'était engagée solennellement et à la face de toute l'Europe, à observer la plus stricte défensive; et à peine en eut-elle trouvé l'occasion favorable, que déjà un coup exterminateur fut porté, à Sinope, contre la meilleure partie de la flotte turque. L'attaque des Turcs sur le Danube fut déclarée, par le cabinet de Saint-Pétersbourg, une violation du droit des gens; tandis qu'au contraire la victoire de Sinope reçut les plus grands éloges, et, pour flatter l'orgueil russe, fut placée à côté de la glorieuse journée de Tchesmé.

III.

Un navire échappé à la destruction apporta à Constantinople la désastreuse nouvelle de cette boucherie, et la population musulmane, aigrie au plus haut degré, déclara n'attribuer cet épouvantable malheur qu'aux tergiversations et à la mauvaise volonté de ses alliés chrétiens, dont l'intérêt, à ce qu'il paraissait, était de rendre la Turquie plus faible, pour qu'elle fût obligée de se soumettre aux conditions d'une paix honteuse.

Et, en effet, si l'on examine avec calme la conduite de la flotte alliée avant et après la catastrophe de Sinope, on comprend parfaitement que de semblables allégations aient dû rencontrer créance, non-seulement parmi les Turcs, mais même, et de beaucoup de côtés, dans le reste de l'Europe : Après la déclaration de guerre, le Sultan avait invité les Puissances occidentales à faire entrer leurs flottes dans le Bosphore. Au commencement de novembre, elles y avaient jeté l'ancre, et depuis ce moment toutes les opérations sur mer furent concertées en commun par les trois amiraux anglais, français et turc.

L'envoi d'une division isolée de la flotte turque avait été estimé bon par eux ; et lorsque plus tard, dans un conseil de guerre, il fut question du danger qui la menacerait, si les Russes sortaient de Sébastopol avec toute leur flotte ou seulement avec une forte partie, on chercha à calmer cette crainte en faisant observer que les Russes ne se hasarderaient jamais à opérer sur mer si près de la flotte combinée. Mais, à la nouvelle du malheur de Sinope, on ne trouva rien de mieux à faire que d'y envoyer un vapeur anglais et un vapeur français, pour vérifier l'état des choses, et prendre à bord les blessés qu'ils pourraient trouver [1].

1. Lorsque les deux vaisseaux revinrent et confirmèrent l'événement, l'ambassadeur de France déclara qu'il donnerait volontiers à sa flotte l'ordre de suivre celle des Anglais, si cette dernière voulait chercher les Russes dans la mer Noire, et les châtier de leur dernière action. Mais comme l'ambassadeur d'Angleterre fit de son côté la même déclaration, et qu'aucun des deux ne voulut assumer l'initiative de l'ordre d'appareiller, tout demeura dans l'ancien état, c'est-à-dire que les deux flottes restèrent tranquillement dans la baie de Beïkos.

Bientôt après la catastrophe de Sinope, arriva à Constantinople une nouvelle et commune proposition de médiation des quatre grandes Puissances; les principales bases en étaient: 1° l'évacuation aussi prompte que possible des Principautés danubiennes, de la part des Russes; 2° le renouvellement des anciens traités entre la Russie et la Porte; 3° une convention complète à l'égard des Lieux-Saints; et 4° une déclaration de la Porte, qu'elle était prête à négocier sur ces bases, avec la coopération des quatre grandes Puissances, et pour cela à consentir à un armistice.

Dans les dispositions plus que sombres qui régnaient alors à Constantinople, et qui furent encore augmentées par les nouvelles simultanées de défaites réitérées des Turcs en Asie, la diplomatie eut complètement gain de cause. S'en rapportant à leurs pertes sur terre et sur mer, on chercha à faire comprendre aux Turcs qu'ils ne pouvaient se mesurer avec les Russes dans les combats, et qu'une seule voie leur restait encore ouverte, savoir : l'acceptation de la note collective des Puissances médiatrices.

Le ministère ottoman, faible, intimidé par la trahison, les intrigues, les menaces, et poussé hors de mesure, se soumit enfin, accepta les conditions de paix, et les proposa au Sultan, qui les confirma sans délai.

Ici, l'on se trouve involontairement porté à se demander : quelles eussent été les conséquences, si la Russie, en vue de l'avenir, et comptant moins sur la longanimité des Puissances occidentales, avait accepté ces conditions, et qu'ainsi la paix eût été conclue? — La pression de la Russie sur la Turquie eût été plus forte que jamais, et assurée pour tous les temps ; la Turquie aurait perdu jusqu'au dernier reste de confiance en elle-même, et par conséquent la chute de cet empire aurait eu lieu prochainement et inévitablement.

Heureusement pour la Turquie, et peut-être même pour l'Europe, on avait cette fois compté sans son hôte. A la nouvelle de l'événement de Sinope, un cri d'indignation retentit des bords du Danube jusqu'à ceux de la Tamise, et l'opinion publique de la France et de l'Angleterre, lasse des continuelles concessions de leurs gouvernements, se prononça d'une seule voix, et exigea hautement et impétueusement que la politique fût changée, et que des démarches loyales et ouvertes fussent faites en faveur de la Turquie. Cette fois, la diplomatie eut le dessous. Les commandants de la flotte combinée dans le Bosphore, reçurent l'ordre de quitter leurs mouillages, d'entrer dans la mer Noire, et de signifier aux amiraux russes, qu'ils obligeraient à y rentrer tout vaisseau russe qu'ils rencontreraient hors des ports de cette nation, et qu'ils repousseraient par la force toute attaque contre des navires turcs et contre le territoire ottoman. Il ne servit de rien aux ambassadeurs de l'Autriche et de la Prusse de protester contre la mise à exécution de cette résolution ; elle fut accomplie, et, au commencement de janvier 1854, la domination du pavillon russe avait cessé dans l'Euxin.

Ce fut le premier acte officiel de rupture ouverte entre la Russie et les Puissances occidentales. Les ambassadeurs de la Russie quittèrent bientôt après Paris et Londres, et ceux de l'Angleterre et de la France à Saint-Pétersbourg reçurent leurs passeports.

Toutefois, la conduite de la guerre ne changea pas beaucoup pendant l'hiver. Le mauvais temps continuel avait rendu les communications entièrement impraticables, et les grandes opérations presque impossibles. Les Russes profitèrent de ces circonstances pour faire venir de nouveaux renforts ; les Turcs, pour exercer et endurcir leurs troupes encore jeunes et non aguerries. Le seul engagement d'importance qui eut lieu pendant l'hiver, fut la rencontre devant Tchétaté, dans le voisinage de Kalafat. Les soldats turcs donnèrent en cette occasion des preuves de bravoure aussi grandes que leurs chefs en donnèrent d'incapacité, et ils ne durent qu'à l'impéritie plus grande encore des Russes, de pouvoir regagner heureusement Kalafat.

En attendant, les intrigues et les menées de la diplomatie continuaient leur marche à Constantinople.

Les hommes les plus populaires de la Turquie, les chefs du parti de la guerre, le grand-vizir Moustapha-Pacha, le ministre de la guerre Méhémet-Ali-Pacha, le Cheïk-oul-Islam, et un grand nombre d'autres, furent écartés, et remplacés par des créatures vénales de Reschid-Pacha. Ce dernier devint par là seul maître du gouvernement, et dès-lors il fut employé par la diplomatie comme un instrument docile.

IV.

Dans les mois de février et de mars, les Puissances occidentales firent la dernière tentative de paix. L'empereur Napoléon adressa au Tsar lui-même une lettre autographe, dans laquelle il lui proposait de nouvelles conditions. Ce fut en vain. Tous les moyens d'arriver à un arrangement pacifique se trouvaient donc épuisés, et après qu'enfin l'*ultimatissimum* des deux Puissances occidentales eut été repoussé par la Russie, la déclaration de guerre eut lieu, et les préparatifs nécessaires furent faits pour la guerre dans la Baltique ainsi qu'en Orient. La Prusse et l'Autriche furent invitées à se joindre à l'alliance des Puissances occidentales; mais elles préférèrent demeurer neutres. Les Puissances de deuxième et de troisième rang furent laissées libres d'entrer dans la coalition anglo-française.

La réponse que fit l'empereur Nicolas à la déclaration de guerre de l'Angleterre et de la France, fut l'ordre donné à Gortchakof de franchir le Danube, et d'attaquer l'armée turque sur le territoire de la Bulgarie. En février déjà, l'état-major général russe avait commencé par explorer les rives du Danube, et préparer, sur les points favorables, par la prise de possession et la fortification des îles du fleuve, les passages à effectuer plus tard. On pouvait prévoir que les Russes tenteraient de franchir le Danube aussitôt qu'ils auraient réuni des forces suffisantes, et cela sans faire attention aux menaces des alliés.

En pareilles circonstances, ce qu'Omer-Pacha pouvait faire de mieux, était de tenir la plus grande partie de ses forces dans l'espace qui s'étend entre Schoumla, Varna, Silistrie et Roustchouk, espace le plus important de tout le théâtre de la guerre. Un corps détaché de 20,000 hommes, appuyé sur Widdin et Kalafat, et 10,000 hommes entre Nicopolis et Sistof, auraient suffi pour empêcher une diversion des Russes sur la route de Sophia. L'aile droite aurait été le mieux placée dans la ligne du rempart de Trajan, avec son avant-garde à Babadagh, pour observer simplement, et non pour occuper les passages du Danube inférieur. Dans cette position, l'armée turque ne se serait exposée à aucun échec, et elle se fût trouvée en état non-seulement de couvrir les passes du Balkan, mais encore de pouvoir reprendre l'offensive en temps opportun. Au lieu de cela, nous voyons (ce qui est incompréhensible en présence du coup-d'œil ordinairement si juste d'Omer-Pacha) l'armée turque morcelée et disséminée de Kalafat jusqu'aux bouches du Danube ; de telle façon que toute opération de campagne contre les Russes qui s'avancèrent, devint absolument impossible, et que ceux-ci, par une défaite complète de l'aile droite des Turcs dans la Dobroutcha, purent ouvrir victorieusement leur campagne[1].

La force numérique de l'armée russe, augmentée par tout le troisième corps et par une partie du cinquième, s'élevait, au commencement de la campagne du printemps, dans les Principautés et en Bes-

1. Dislocation des forces turques en février 1854 : *Schoumla* : 14 bataillons, 6 escadrons, 4 batteries. — *Varna* : 5 bataillons, 2 batteries. — *Paravadi* : 1 bataillon, 6 escadrons, 1 batterie. — *Iénibazar* : 3 bataillons. — *Devno* : 6 bataillons, 6 escadrons, 1 batterie. — *Rasgrad* : 3 bataillons. — *Bourgas* : 3 bataillons. — *Tirnova* : 6 bataillons, 2 batteries. — *Lovtcha* : 2 bataillons. — *Toultcha* : 3 bataillons. — *Isaactcha* : 3 bataillons. — *Matchin* : 4 bataillons. — *Hirsova* : 2 bataillons. — *Karasou* : 3 bataillons, 6 escadrons, 5 batteries. — *Babadagh* : 4 bataillons. — *Ortakoï* : 3 bataillons. — *Silistrie* : 8 bataillons, 6 escadrons, 4 batteries. — *Totourkan* : 6 escadrons. — *Roustchouk* : 7 bataillons, 6 escadrons, 4 batteries. — De *Widdin* à *Sistof*, le long du Danube : 9 bataillons. — *Kalafat* : 17 bataillons, 18 escadrons, 7 batteries. — Enfin, *Sophia*, *Nissa* et les environs : 19 bataillons. — Quelle singulière disposition !

sarabie, à 120,000 hommes. Avec une partie de ces forces, le prince Gortchakof, après avoir réussi sur divers points, par des mouvements simulés, à tromper l'attention des Turcs, organisa le passage du Danube, pour pénétrer dans la Dobroutcha, d'abord près d'Hirsova, avec un faible détachement, et ensuite avec le reste des troupes, à Matchin, Isaactcha et Toultcha.

Depuis le moment où, après le rejet des dernières propositions de paix, il n'était plus resté de doute relativement à la continuation de la guerre sur le Danube, l'occupation de la Dobroutcha était devenue une nécessité impérieuse pour la position des Russes. Aussi longtemps qu'on s'était borné à l'occupation de la Valachie, gardée comme gage, et que la lutte s'était limitée à des engagements d'avant-garde, à des combats locaux plus ou moins sanglants, on avait pu se dispenser des considérations stratégiques, et persister dans une position prise sans égard ni aux communications, ni à la retraite possible de l'armée. Mais maintenant que la guerre était devenue sérieuse, il fallait encore avoir soin de la sûreté des opérations. La Dobroutcha dans les mains des Turcs était une menace continuelle pour la principale communication des Russes par Galatch et Braïla, et créait la nécessité d'occuper fortement tout l'espace de Kalarach, vis-à-vis de Silistrie, jusqu'aux bouches du Danube. Par la conquête de cette presqu'île, jusqu'au rempart de Trajan, on remédiait à cet inconvénient ; la position des Russes diminuait en étendue ; les flancs étaient assurés, et une marche sur le Balkan devenait possible.

Le passage du Danube, pour entrer dans la Dobroutcha, fut opéré le 20, non loin d'Hirsova, et le 23 près de Galatch, Braïla et Ismaïl. La colonne qui, partant d'Ismaïl, passa le fleuve au-dessus de Toultcha, fut la seule qui rencontra une résistance sérieuse. Les Turcs se défendirent ici avec bravoure ; sur tous les autres points ils se retirèrent en toute hâte et en désordre. Les jours suivants, les quatre places turques, mal fortifiées et tout aussi mal défendues, Matchin, Isaactcha, Toultcha et Hirsova, furent forcées de se rendre, après une courte canonnade, et les garnisons furent faites prisonnières et emmenées en Bessarabie. Moustapha-Pacha, qui commandait le corps turc dans la Dobroutcha, réunit ensuite à Babadagh ses détachements dispersés et battus, et se retira vers le rempart de Trajan. Le 2 avril, le corps russe dans la Dobroutcha, renforcé dans l'intervalle par des réserves, et s'élevant à 56 bataillons, 36 escadrons et 160 canons (approximativement 60,000 hommes), avait pris position entre Babadagh et Hirsova ; les avant-postes avaient été poussés jusque vers Tchernavoda. La flottille russe du Danube se concentra près d'Hirsova, et les barques capturées à Matchin furent employées à l'établissement d'un pont de bateaux, pour procurer une communication assurée avec les corps de troupes de la rive gauche. Vers le même temps, trois divisions russes furent concentrées près de Kalarach, et l'on fit tous les préparatifs pour attaquer avec vigueur Silistrie, située en face, et soutenir la marche ultérieure du corps russe dans la Dobroutcha.

Le 5 avril, l'arrière-garde des Turcs fut chassée de Tchernavoda ; et Moustapha-Pacha, menacé dans son flanc droit, abandonna aussi Karasou et toute la ligne du rempart de Trajan ; puis il continua son mouvement de retraite jusqu'à Bazardchik. Des divisions russes occupèrent alors ces localités, et, vers le milieu d'avril, des patrouilles de Cosaques parurent jusque près de Bazardchik.

Immédiatement après la nouvelle du passage du Danube par les Russes, Omer-Pacha avait transporté son quartier-général de Roustchouk à Schoumla, et pris des mesures afin de réunir sur ce point important, aussi bien qu'à Paravadi et Varna, les forces nécessaires pour s'opposer, dans cette seconde ligne de défense, au progrès ultérieur des Russes. Il confiait la défense de la première ligne aux forteresses qui se trouvaient pourvues de garnisons suffisantes.

La marche victorieuse de l'armée russe produisit à Constantinople le plus profond découragement. Les Turcs s'étaient bercés de tant d'espérances de victoires futures, que cette issue défavorable de la première rencontre sérieuse ne les abattit que davantage. A cela vinrent s'ajouter les retards de l'arrivée des troupes alliées à Gallipoli, et la situation désespérée dans laquelle se trouvaient les affaires intérieures de l'empire. Le soulèvement grec faisait des progrès immenses. Il n'y avait aucune ville, aucun village habité par des Grecs, soit en Grèce même, soit en Turquie, où toute la jeunesse ne se préparât au combat, et où la population ne fît des collectes en argent et en armes pour les insurgés. En Albanie, les esprits fermentaient. En Bulgarie, les émissaires russes, après les heureux résultats des armes de leur nation, commençaient à se faire écouter chaque jour davantage ; en Bosnie et dans le Montenegro, il ne dépendait que de l'Autriche de faire éclater le soulèvement, pour trouver par-là un motif plausible d'occuper ces pays, ainsi qu'elle y visait. Enfin, si l'on considère les conditions passablement dures qu'imposait aux Turcs le traité d'alliance avec les Puissances occidentales, on comprend facilement que ceux-ci, dans un tel état des choses, ne dussent pas être fort rassurés.

Alors les Valaques offrirent encore une fois de soulever la population de leurs contrées sur les derrières de l'armée russe ; et par le fait, un pareil soulèvement, appuyé sur le corps turc qui se trouvait dans la Petite-Valachie, eût été certainement, dans ce moment critique, de la plus grande utilité à la défense des Turcs sur le Danube. Mais, toujours encore, la diplomatie ne voulut pas entrer dans ce projet, parce que l'Autriche taxait ce mouvement de révolutionnaire et de dangereux pour les intérêts conservateurs de l'Europe. Non-seulement l'offre fut refusée, mais l'aveuglement alla si loin, que des milices valaques, qui avaient quitté avec armes et bagages le camp des Russes, et avaient passé aux Turcs à Kalafat et sur d'autres points, furent désarmées et renvoyées dans leur pays, où, naturellement, elles furent la proie de la vengeance des Russes et de celle des conseils de guerre établis par ceux-ci.

Nous avons déjà montré de quelle manière la Russie répondait aux tendres égards qu'on lui témoignait. Depuis que la guerre était devenue sérieuse, les choses avaient fait un pas de plus sous ce rapport. Les Russes levèrent des recrues dans les Principautés, et formèrent des légions gréco-slaves. Là où il s'agissait de ses intérêts, la Russie n'a jamais connu la crainte puérile de profiter de toutes les forces qu'elle avait sous sa main, fût-ce même l'appel aux nationalités.

Au milieu d'avril, le prince Paskiévitch arriva sur le théâtre de la guerre, et il prit la conduite des opérations. Après la conquête du rempart de Trajan, il était libre de continuer l'offensive contre le corps principal des Turcs. Pour cela, il pouvait disposer de huit divisions, sans les réserves du Pruth et du Dniester. Deux divisions eussent suffi, dans une position favorable, pour tenir en échec l'aile gauche des Turcs. Deux autres eussent également été suffisantes pour observer Roustchouk et Silistrie, et pour garder les passages du Danube. Il lui restait donc encore quatre divisions (constituant 70,000 hommes, avec la cavalerie) pour un coup décisif contre le principal corps des Turcs. Comme nous l'avons vu, l'aile droite turque était complètement battue, et, d'après sa retraite désordonnée, elle se trouvait passablement démoralisée. A Schoumla même, Omer-Pacha ne pouvait qu'avec beaucoup de peine réunir environ 30 bataillons. Toutes les forces que Paskiévitch risquait de trouver entre le Danube et la ligne Varna-Schoumla, ne dépassaient donc pas 40,000 combattants. Pourquoi ne chercha-t-il pas à tirer parti de ces circonstances? Pourquoi n'essaya-t-il pas, avant l'arrivée des alliés, de rejeter les Turcs au-delà du Balkan, d'isoler leur aile gauche, de soulever la population bulgare, fatiguée du joug ottoman, et de l'engager dans la soi-disant croisade contre le croissant? Les motifs qui purent empêcher Paskiévitch de se risquer trop loin, furent probablement les suivants :

1° La politique du cabinet de St.-Pétersbourg, politique manquée et n'ayant plus conscience de son but ; et l'incertitude qui en résultait pour la direction supérieure des opérations militaires.

2° Le manque de nouvelles sur l'état des choses dans l'armée turque, et nommément une évaluation exagérée des forces concentrées à Schoumla.

3° Les réflexions que devait soulever la politique douteuse de l'Autriche, et qui ne permettaient pas au général russe de trop s'éloigner de sa base d'opérations, laquelle n'était d'ailleurs que faiblement assurée.

4° Enfin, l'entrée des troupes alliées dans les Dardanelles, et l'incertitude touchant leurs forces et leur destination.

Les dispositions de Paskiévitch, aussitôt après son arrivée, et le cercle restreint de ses opérations, n'étaient que la suite naturelle de ces considérations; et c'était chose assez comique dans ce temps, que le langage des journaux russophiles, principalement ceux de l'Allemagne, parlant de la possibilité d'une rapide campagne de conquête, par le prince Paskiévitch, jusqu'aux portes de Constantinople[1].

La première chose que fit Paskiévitch fut de rappeler le corps de Liprandi de la Petite-Valachie, où il n'avait plus de destination depuis que, par des raisons bien connues, l'Autriche s'opposait à l'insurrection de la Servie. La position de l'armée russe devint par là plus resserrée et plus profonde;

1. D'après l'article connu du Moniteur français, du 14 avril 1855, de semblables inquiétudes avaient fait choisir Gallipoli pour place de débarquement des Alliés.

elle permettait la défensive comme l'offensive, et l'un de ses corps ne se trouvait plus, comme cela avait été jusqu'alors, dépendant du bon vouloir de l'Autriche. Cela fait, l'objet le plus prochain des opérations des Russes, s'ils ne voulaient pas rester inactifs, ne pouvait être autre que les deux forteresses de Rassova et de Silistrie; et principalement la possession de la dernière de ces places était de haute importance, parce qu'elle donnait à la position des Russes un point d'appui, et la faculté d'établir une forte base pour des entreprises ultérieures sur la ligne Silistrie-Karasou. Paskiévitch ordonna donc le siège de Silistrie, et destina à cette opération les forces concentrées près de Kalarach, et le corps qui s'avançait de la Dobroutcha, sous le commandement de Lüders.

Lüders arriva le 15 mai à Kutchuk-Kaïnardchi, et le jour suivant devant le côté Est de la forteresse; puis, dans la nuit du 17 au 18, les travaux du siège commencèrent par l'ouverture de la première parallèle. La division Chroulef fut jetée sur la rive droite du Danube, pour renforcer le corps de Lüders, et, les jours suivants, l'attaque contre les ouvrages avancés, à l'est de la forteresse, et particulièrement contre Arab-Tabia, fut continuée sans obstacle. Une division russe, qui avait passé à Tourtoukan sur la rive droite, cerna la forteresse du côté de l'ouest, de sorte qu'elle se trouva complètement investie au nord, à l'est et à l'ouest. Le côté du sud, au contraire, resta, durant tout le siège, en libre communication avec Schoumla et les divisions turques qui avaient pris position sur la route.

La marche ultérieure du siège de Silistrie et son manque de réussite sont connus. Les principales causes de l'insuccès furent : l'investissement incomplet de la place, et le trop de hâte avec laquelle l'attaque avait été entreprise. Avec plus de méthode et de sûreté dans l'attaque, et si toute communication avec l'extérieur eût été coupée à la place, la chute en aurait eu lieu, malgré la valeureuse défense de la garnison. Si les Russes eussent été en possession d'un seul des ouvrages avancés[1], lesquels étaient faibles et tout-à-fait incomplets, la forteresse n'aurait pu tenir longtemps, parce qu'elle est absolument commandée par ces positions.

Le 21 juin, au moment que les travaux du siège étaient justement assez avancés pour qu'avec leur aide, et après l'établissement bien dirigé de mines, on pût hasarder, les jours prochains, un assaut général contre l'ouvrage d'Arab-Tabia, l'ordre arriva soudain de lever immédiatement le siège, et de repasser le Danube avec toutes les troupes de siège et de blocus, pour se réunir au reste de l'armée russe derrière le fleuve Arghis.

Où faut-il chercher les motifs de cette retraite si

1. Ils ne furent élevés qu'au commencement de la guerre, et consistaient en très-faibles ouvrages de terre.

subite de l'armée russe? En tout cas, ils ne se trouvaient pas dans les sacrifices qu'une prolongation du siège aurait exigés; vu la force de l'armée russe du Danube, ce mal aurait été facile à supporter. C'étaient tout aussi peu, quoique les feuilles autrichiennes le prétendent continuellement, l'attitude menaçante de l'Autriche et la concentration de troupes à sa frontière; car, au milieu de juin, les forces autrichiennes dans les provinces frontières du sud-est (la Transylvanie et le Banat) étaient si peu considérables, que, pour un temps encore assez étendu, elles ne pouvaient inspirer aux Russes aucune inquiétude. Mais les motifs qui firent naître des réflexions sérieuses au quartier-général russe, furent plutôt les renforts qui, de toutes parts, arrivaient à l'armée turque; puis, les préparatifs que celle-ci faisait pour dégager Silistrie; et, plus encore, l'arrivée définitive des alliés à Varna. Du côté des Russes on ne savait pas à quelle force cette armée de secours pouvait s'élever, et l'on pouvait tout aussi peu présumer que les Alliés manquaient à Varna des moyens de transport nécessaires pour se joindre en rase campagne aux opérations de l'armée turque [1]. Continuer le siège, avec le Danube derrière soi, et offrir la bataille à une armée supérieure en

1. Il est étrange que des critiques d'ailleurs judicieux fassent allusion à cette circonstance, pour en relever d'autant plus l'importance des démonstrations autrichiennes; certainement Paskiévitch n'a pu s'imaginer une telle incurie dans l'armée des Alliés.

nombre, pendant qu'en même temps la forte aile gauche des Turcs se préparait à une offensive énergique, paraissait une si grande témérité, que même la possibilité de prendre Silistrie n'aurait pu la justifier. En conséquence, comme le plan formé par le général Schilder pour une attaque hâtive ne conduisait à aucune rapide solution, on préféra renoncer complètement à cette entreprise, et se borner à la défensive. La diplomatie russe en retira pour profit, à l'égard de l'Autriche et de la Prusse, de pouvoir mettre en avant cette résolution, comme une preuve de la sympathie que leurs représentations avaient rencontrée : de sa condescendance, et de son amour pour la paix.

L'aile gauche des Turcs, considérablement renforcée par les réserves de Sophia, ainsi que par les garnisons de Nicopolis et de Sistof, s'était, sur ces entrefaites, avancée jusqu'à l'Alte (Oltu).

A la retraite des Russes, elle passa ce fleuve, et se mit en communication par Giorgévo, avec le corps turc principal, qui y opérait son passage. Toutes ces forces, soutenues par une partie du corps auxiliaire anglo-français, en tout 120,000 hommes pour le moins, auraient pu alors prendre position sur la rive gauche du Danube, dans un pays riche et au milieu d'une population bien disposée et prête à participer à la lutte. Dans ces conjonctures favorables, cette position eût procuré, si ce n'est pour cette campagne, du moins pour la suivante, une énergique offensive contre la principale armée russe en Bessarabie. La rapide interposition de l'Autriche et la merveilleuse habileté de la diplomatie surent bien empêcher cet espoir.

Les Russes avaient à peine commencé leur retraite de la Valachie (et cela, comme ils l'avouèrent eux-mêmes plus tard, par des motifs stratégiques, et aucunement par suite de l'intervention autrichienne), que déjà l'Autriche insistait, à Constantinople, sur la conclusion d'un traité particulier avec la Turquie, traité moyennant lequel le droit exclusif d'occuper les Principautés lui serait accordé. Ce traité fut conclu, grâce à l'intercession de la diplomatie, et la première conséquence en fut, que l'Autriche, empêchant la marche ultérieure de l'armée turque, la força, peu après, à repasser le Danube.

L'Autriche avait atteint son but, qui était : l'impossibilité pour les Alliés de continuer la guerre sur le Danube, et la nécessité qui en résultait pour eux de choisir un autre théâtre de la guerre, plus éloigné des frontières autrichiennes. Les Russes, de leur côté, se trouvaient dès-lors à couvert sur leur flanc ; ils n'avaient plus à défendre que le petit territoire du Danube inférieur, à partir de l'embouchure du Pruth jusqu'à la mer Noire ; et par conséquent ils pouvaient jeter des forces supérieures sur tous les points où les Alliés jugeraient à propos de les menacer. C'est ainsi que le gage jusqu'alors possédé par la Russie, fut remis d'une façon toute pacifique dans les mains de l'Autriche. Par le traité du 14 juin, à l'acceptation duquel la Porte fut contrainte, la diplomatie couronna glorieusement son action sur cette première période de la guerre.

CHAPITRE II.

La Guerre en Asie.

I.

Depuis Pierre-le-Grand, la Russie ne vise qu'à un but en Europe : l'extension de sa puissance et de son territoire. Elle s'avance, quoique avec prudence et lenteur, mais toujours sûrement et constamment, exerçant sa pression, dans l'ouest, sur l'Allemagne et l'Europe centrale ; dans le sud, s'approchant de Constantinople, point culminant de ses désirs. De même nous la voyons poursuivre ce but en Asie, et étendre toujours davantage son influence et sa domination sur ces contrées lointaines.

Déjà au XVIe siècle, bientôt après qu'ils eurent été délivrés du joug tatar, les Russes parurent sur les rivages de la mer Caspienne, se mirent en possession d'Astrakhan, et, par leurs victoires sur les hordes tatares, donnèrent de l'importance à leur nom auprès des populations caucasiennes. Toutefois, leurs premiers progrès dans ces parages ne furent que lents, malgré les liens de parenté qui s'établirent entre les princes de Géorgie et les Tsars moscovites. A cette époque, leur attention se tournait plus particulièrement vers l'Occident, où ils se voyaient menacés, par les agressions incessantes et quelquefois redoutables des Polonais ; sans compter que les factions intestines déchiraient le pays. Ce fut Pierre-le-Grand qui, le premier, reprit le vaste plan d'affermir la domination russe dans le Caucase, et de s'avancer le long des rivages caspiens.

D'un regard juste et étendu , Pierre reconnut quelle était pour la Russie l'importance du lac Caspien, où aboutit sa plus grande voie par eau, le Volga. La possession de la mer Caspienne ouvrait à la Russie un riche commerce avec l'Asie centrale, et cette grande et ancienne route vers l'Inde, dont les Grecs et les Romains avaient déjà profité pour leur négoce. Il ordonna deux expéditions, l'une sur Khiva, l'autre vers les pays du Caucase. L'expédition de Khiva échoua ; l'autre, que Pierre en personne entreprit, à la tête de 30,000 hommes, par Derbend, le long des côtes occidentales de la mer Caspienne, fut couronnée du succès le plus complet. En moins d'une année, tout le littoral, de Térék à Astrabad, fit sa soumission, et dans les traités de paix de 1723 et de 1724, ces pays furent formellement reconnus appartenir au Tsar, et le point de contact des trois frontières de la Perse, de la Turquie et de la Russie, fut fixé à l'embouchure de l'Araxe dans le Kour. Mais cette dernière conquête ne fut non plus que de courte durée. Les frais de l'occupation, la disposition hostile des montagnards, et les ravages qu'exerça dans les rangs des Russes un climat auquel ils n'étaient pas habitués, déterminèrent Pierre à abandonner de nouveau cette coûteuse conquête, et à ne laisser des garnisons que dans quelques places situées sur les côtes.

En 1732 et 1735, ces places furent aussi abandonnées, et, dans le traité conclu avec le Schah Nadir, le Térék fut fixé comme frontière de la Russie. Les premières tentatives des Russes pour s'établir solidement sur le Kouban et sur la côte orientale de la mer Noire, avaient été tout aussi inutiles. La résistance qu'ils rencontrèrent ici de la part des vaillants montagnards, les força de renoncer à leurs projets. Le cheïkh Mansour fut le premier qui provoqua, dans ces régions élevées, la guerre sainte contre la Russie; guerre qui, depuis lors, ne s'est point éteinte, et qui n'atteindra son terme qu'à la destruction de toutes ces belles et fortes races : *In majorem Russiæ gloriam !*

Dans la seconde moitié du XVIIIe siècle, précisément au même temps où l'on méditait à Saint-Pétersbourg le partage de la Pologne, les circonstances offrirent aussi dans les pays transcaucasiens, à l'impératrice Catherine, l'occasion souhaitée d'intervenir, et de prendre, sous sa protection bienfaisante, comme elle l'annonça solennellement, les chrétiens qui s'y trouvaient menacés.

Héraclius, roi de Géorgie, étant en guerre avec la Perse et les tribus montagnardes, implora, près de succomber, le secours de la Russie. Un corps russe, après avoir traversé la Kabarda et forcé le passage de Dariel, parut sur les versants méridionaux du Caucase, s'y réunit aux Géorgiens, et occupa aussi, dans la guerre qui suivit contre les Turcs, plusieurs places des côtes de la mer Noire. A la paix de Kutchuk-Kaïnardchi, le droit de protection de la Russie sur les populations chrétiennes du Caucase fut reconnu pour la première fois, et déjà dix ans plus tard, les rois et princes géorgiens se virent forcés de renoncer à leur indépendance, et de recevoir des Tsars l'investiture de leurs dignités : cela arriva en même temps que l'incorporation de la Crimée.

Le Khan de Tarkow se soumit en 1784. En 1793, les khanats de Derbend et de Bakou en firent autant ; ils sont tous situés sur la côte de la mer Caspienne. A la paix de Yassy, vers la fin du XVIIIe siècle, les Russes entrèrent en possession de plusieurs contrées sur le Kouban ; et les Turcs furent obligés d'abandonner pour toujours leurs prétentions à la suprématie sur les princes géorgiens chrétiens. En 1796, un corps russe s'empara des autres khanats de Cheki, Chirvan et Karabagh, situés dans la vallée inférieure du Kour et aux bouches de cette rivière, pays qui jusqu'alors avaient été soumis à la suprématie de la Perse; et de cette manière, il établit encore là le fondement de la puissance russe. Enfin, les luttes qui éclatèrent de nouveau, au commencement du siècle présent, entre les Géorgiens et les peuplades montagnardes, devinrent pour la Russie l'occasion bienvenue de s'assurer pour toujours la possession des régions transcaucasiennes. Le roi Georges XIII se vit forcé d'appeler les Russes à son aide ; se joignant à eux, il battit les peuplades des montagnes ; et en reconnaissance , il légua aux Tsars, le 28 décembre 1800, en son nom et en celui de tous ses descendants, son trône et son royaume.

Lorsque Alexandre Ier arriva à l'empire, il fit déclarer à ses nouveaux sujets, les Géorgiens, « qu'il avait pris possession de leur pays, en suite du legs de leurs princes, non pour étendre les limites de ses Etats, car ceux-ci étaient déjà assez vastes, mais uniquement pour mettre un terme à leurs souffrances, et pour introduire dans leur pays une administration régulière. » Toutefois, ces nouvelles possessions de la Russie ne furent aucunement acquises à bon marché : des princes souverains, des ligues républicaines, et enfin, dans le sud, deux grands et puissants empires, les lui disputèrent. C'est donc ainsi que l'on a vu, dans les dix premières années, les Russes en luttes continuelles avec les Turcs, les

Persans et les peuples montagnards, jusqu'à ce que la paix de Boukharest, en 1812, et, l'année suivante, celle de Goulistan avec les Perses, eussent terminé les différends et fixé les frontières d'une manière plus précise. Dans les traités conclus à cette occasion, fut reconnu le droit de la Russie sur tous les pays situés entre l'arête du Caucase et la chaîne de l'Allaghez; et aux deux extrémités de cette dernière, à l'est, l'Araxe fut établi comme frontière du côté de la Perse; à l'ouest, les montagnes de l'Akiska le furent comme limite du côté de la Turquie.

En 1827, 28 et 29, la Russie eut encore une rude et dernière lutte à soutenir pour la possession de ces pays, nommément et de nouveau avec la Perse et la Turquie. L'issue en fut aussi heureuse que toutes les précédentes fois, et les traités de paix qui suivirent fixèrent les limites des possessions transcaucasiennes russes, telles qu'elles sont encore aujourd'hui. Le khanat de Talich, les provinces arméniennes d'Erivan et de Nakhitchévan, furent détachées de la Perse; la Porte perdit Anapa, Poti et tous ses droits sur la côte orientale de la mer Noire; elle fut obligée de céder à la Russie le pachalik d'Akiska, province auparavant géorgienne.

Depuis lors, la Russie demeura en possession tranquille de ces territoires, et elle ne fut plus occupée que de sa lutte avec les peuplades montagnardes, dont la soumission est encore aussi éloignée aujourd'hui qu'elle l'était il y a cinquante ans. Les énormes sacrifices que la Russie a faits pour prendre pied au sud du Caucase, prouvent la haute importance qu'elle attache à la possession de ces pays. Le Caucase forme la base de ses progrès ultérieurs dans l'Asie centrale ; Tiflis, toujours plus florissante, et dont la population augmente rapidement, est le point d'où la Russie observe, à l'ouest, l'ancienne Arménie ; au sud, la Perse en décadence, et sonde les chemins de l'Inde.

Que la Russie ne considère nullement encore comme accomplie, par la conquête des régions transcaucasiennes, sa tâche dans l'Asie centrale, mais seulement comme commencée ; c'est ce que prouve au mieux le regret hautement exprimé à Saint-Pétersbourg, peu de temps après la conclusion de la dernière paix avec la Turquie, de n'avoir pas étendu jusqu'au Saganlugh sa frontière en Asie, afin de mieux s'y arrondir. En possession de cette chaîne de montagnes, la Russie eût été maîtresse d'Erzeroum et de toute l'Arménie turque. Que par là, la Perse aussi fût tombée dans sa plus complète dépendance, c'est ce qu'il n'est pas même besoin de mentionner.

Tous ces indices montrent que le but le plus proche que la Russie poursuive en Asie, c'est la conquête de l'Arménie turque. Cette entreprise sera facilitée par la population de deux millions de chrétiens qui habitent cette contrée, et qui maintenant déjà se trouvent, sous le rapport confessionnel, soumis au *Catholicos,* souverain pontife arménien, résidant sur le sol russe.

En conséquence, quelque grands que puissent toujours être les dangers qui menacent la Turquie du côté du Danube, ceux qui l'attendent en Asie ne sont pas moins considérables ; et, pour les conjurer, il n'y a qu'un moyen, *c'est de repousser les Russes au-delà du Caucase.*

Dès le commencement de la guerre, de divers côtés on représenta à la Turquie, et l'on tâcha de lui faire comprendre, que par là seulement elle pouvait sauvegarder son avenir. Mais en même temps on chercha à la convaincre, que, bornée à ses propres ressources, elle ne possédait la force nécessaire pour attaquer la Russie d'une manière efficace, que parmi les peuples de même race, de même langue, de même religion, les seuls sur lesquels elle pût compter comme sur de fidèles alliés. Ainsi, pendant qu'au Danube, aussi longtemps que les Alliés n'auraient pas paru sur le théâtre de la guerre, la défensive était commandée par les circonstances, en Asie, une offensive vigoureuse et décidée aurait été dans le plus haut intérêt de la Turquie.

Dispersés dans les immenses contrées du Caucase, et répartis dans de nombreux forts isolés, les Russes, qui n'étaient pas préparés à la guerre, n'auraient pu longtemps tenir tête à une armée qui aurait pénétré de force dans ces régions; et cela d'autant moins, que les peuplades montagnardes, qui, dans une direction opposée, auraient marché sur Tiflis, eussent été un obstacle important et continuel pour leurs opérations. Il leur eût été impossible d'agir avec vigueur dans deux directions inverses, puisque jusqu'alors ils n'avaient pas même réussi à être complètement victorieux dans une seule; et il n'était pas à supposer que l'on pût, pour renforcer suffisamment l'armée du Caucase, distraire les troupes nécessaires, qu'il aurait fallu tirer des forces russes disséminées sur les autres points de cet immense empire. En Asie, les Russes étaient dans une position stratégique d'autant plus mauvaise, qu'ils se voyaient bornés à des communications rares et fort menacées avec le reste de la Russie. Si, ce qui n'était pas impossible, ces communications tombaient dans les mains des peuplades montagnardes, ils se trouvaient coupés, et alors eût sonné la dernière heure de leur domination dans les pays transcaucasiens.

Mais, pour une entreprise si grande, si décisive, trois choses étaient nécessaires: 1° le soulèvement des Géorgiens, des Tatars et des autres peuples montagnards du Caucase; 2° les plus grands efforts du côté de la Turquie, joints à une politique sage et loyale; 3° l'adhésion de la Perse. Si les Alliés eussent aidé à l'œuvre, le succès complet n'en eût été que plus sûr.

Les forces turques en Asie devaient, suivant la nouvelle organisation de l'armée, consister en quatre corps. Cependant, au moment où la guerre éclata, deux de ces corps seulement se trouvaient complètement organisés : le corps de la Garde, et celui d'Anatolie. Le corps de l'Arabistan n'était parvenu qu'à la moitié de son chiffre, et celui d'Irak existait bien sur le papier, mais, en réalité, il suffisait à peine pour fournir des garnisons à Bagdad et aux districts arabes soumis. Comme le corps de la Garde avait été, en majeure partie, envoyé sur le Danube, ou employé comme garnison à Constantinople, il ne restait que le corps de l'Anatolie et celui de l'Arabistan, qui, à la fin de l'été de 1853, pussent être dirigés, en Asie, vers la frontière russe. L'automne suivant, toutes les forces turques réunies sur ce point montaient, en troupes régulières, à 36,000 hommes d'infanterie, 4,000 hommes de cavalerie, et 100 pièces de canon, auxquels se joignirent, dans le courant de l'automne, 24,000 hommes de troupes irrégulières, nommées Bachi-Bozouks. On ordonna de nouvelles levées en Anatolie et en Syrie, et de forts détachements d'irréguliers se mirent continuellement en marche, de toutes les provinces de l'empire. Ces forces furent réparties sur les trois différents théâtres de la guerre : près de Batoum, devant Kars, et dans le voisinage de Baïazid ; de telle manière, que provisoirement deux tiers composèrent, près de Kars, le corps principal, et que du dernier tiers, la majeure partie forma le corps de Batoum; la plus petite composa celui de Baïazid. Le mouchir d'Anatolie, Abdi-Pacha, fut nommé au commandement supérieur du corps principal devant Kars; à Batoum, ce fut Sélim-Pacha, auparavant chef des Gardes à Constantinople; et un autre Sélim-Pacha commanda à Baïazid.

Les forces russes qui, au commencement de la guerre, se trouvaient dans les pays du Caucase, étaient composées de ce que l'on nommait le corps d'armée détaché du Caucase, et comptaient environ 80,000 hommes. Ces forces étaient distribuées sur les deux versants du Caucase; elles devaient occuper, au nord, la ligne caucasienne de la mer Noire à la mer Caspienne, les places littorales de Soudchouk-Kalé, d'Anapa, et les communications avec la Crimée, et garder la grande route militaire qui conduit de Vladikaucas à Tiflis; au sud, la ligne du Daghestan, les citadelles et les forts de l'intérieur, et enfin pourvoir de garnisons les places frontières du côté de la Turquie. Comme d'ailleurs les mouvements de Chamyl devaient être surveillés par un corps, il restait, dans le meilleur cas, sur tout l'espace des frontières, à partir de la côte de l'Euxin, jusqu'à l'Ararat, 25,000 hommes, pour être employés en rase campagne contre les Turcs.

De ces 25,000 hommes, on en dirigea 10,000 sur Gumri, pour barrer au principal corps turc, en s'appuyant sur cette forteresse, la route de Tiflis. Andronikof, avec quelques milliers d'hommes, avait pris position dans la vallée supérieure du Kour ; on concentra un faible corps dans le Gouriel, sur la route de Koutaïs, et un autre sur la route d'Erivan à Baïazid, dans l'Arménie russe, tandis que le peu qui restait demeura dans l'intérieur, comme réserve disponible.

II.

Jetons maintenant un coup-d'œil sur les opérations des Turcs, et commençons par les événements qui se sont passés devant Kars.

Dans la saison avancée où l'on se trouvait, on ne pouvait plus songer à une campagne immédiate et décisive pour l'année 1853. Le général turc devait principalement avoir soin de ne s'exposer à aucun échec et de gagner une base sûre pour ses opérations de l'année suivante. Il atteignait le premier de ces points, en observant devant Kars, en présence de la force principale des Russes, une stricte défensive ; il parvenait au second, par un coup de main bien dirigé et rapidement exécuté contre Erivan, dans l'Arménie russe. Un coup-d'œil sur la carte démontre qu'une armée turque, marchant de Kars à Tiflis, par Gumri, a les flancs et les derrières à découvert, si elle n'est pas en possession de l'Arménie russe. L'envahissement de cette province était donc de première nécessité, si l'on pensait en effet à une offensive plus grande et plus décisive contre Tiflis ; il était d'autant plus indispensable, que, par ce moyen, la pression de la Russie sur la Perse diminuait, et que le gouvernement vacillant et irrésolu de Téhéran pouvait être amené plus tôt à entrer dans l'alliance contre les Russes. De concert avec la Perse, on pouvait, l'année suivante, en partant de ce point, passer la chaîne de l'Allaghez et gagner la route de Tiflis, sans avoir besoin de s'arrêter longtemps au siège des places russes de la frontière. De l'Arménie russe, on était pareillement en état de tendre la main à la population tatare qui demeure en masse compacte sur le Kour inférieur, et de la porter à un soulèvement. Abdi-Pacha comprit, à la vérité, la première de ces deux choses, savoir : la difficulté d'une campagne décisive cette année-là ; mais il ne possédait aucunement assez de pénétration pour reconnaître la nécessité et les vastes conséquences de la seconde, c'est-à-dire, d'une vigoureuse diversion sur Erivan. Dans son opinion, les circonstances ne permettaient pas d'autre parti que celui de laisser près de Kars un faible corps d'observation, et de prendre, avec le reste de l'armée, les quartiers d'hiver à Erzeroum, pour y attendre tranquillement le printemps. Ce fut le sens dans lequel il fit son rapport au gouvernement turc, qui cependant ne se trouva pas du même avis, et lui envoya l'ordre précis d'avancer immédiatement et d'attaquer : le *comment* fut laissé à sa décision.

Avant qu'Abdi-Pacha, obéissant à l'ordre de son gouvernement, s'avançât contre la frontière russe avec le gros de son corps d'armée, Moustapha-Zarif-Pacha, gouverneur de la province d'Erzeroum, avait entrepris, avec quelques milliers de Bachi-Bozouks réunis à la hâte, et en partant d'Ardahan, un coup de main contre le district ci-devant turc d'Akiska. Les faibles détachements russes se retirèrent devant lui dans la forteresse d'Akiska, dont le commandant manda au prince Vorontsof, par une lettre que les Turcs interceptèrent, que si la place était cernée, elle ne pourrait, à cause du manque de vivres, tenir qu'à peine huit ou dix jours. A cette nouvelle, Ali-Pacha fut envoyé avec une forte division pour renforcer Zarif-Moustapha devant Akiska, pour entourer de près la place et déjouer toute tentative de secours de la part des Russes. Avec le reste de l'armée, Abdi-Pacha marcha lui-même sur Gumri ; il passa, à trois lieues au-dessous de cette forteresse, le fleuve-frontière Arpa-Tchaï, et établit son camp sur le sol russe, près du village de Baïndir. Il fit par là précisément le contraire de ce qu'il aurait dû faire. Au lieu de se tenir sur la défensive devant Gumri, il tenta ici de prendre l'offensive; et au lieu d'entrer dans l'Arménie russe et de pousser du côté d'Erivan, il laissa les Russes parfaitement tranquilles de ce côté, et n'envoya pas même au corps de Baïazid l'ordre de les inquiéter. Une sortie que tenta la garnison de Gumri fut repoussée, et les Russes, qui ne se trouvaient pas encore en force suffisante en dehors de la forteresse, furent obligés de se retirer plus loin, sur la route de Tiflis. Voilà tout ce que l'on trouva moyen de faire, et l'état-major turc se vit alors au bout de son latin. Pour assiéger Gumri, on manquait du matériel de siège nécessaire ; pour avancer sur Tiflis, on manquait de moyens de transport. L'hiver commença avec toute sa rigueur; on n'était pas suffisamment pourvu de vivres, et ce qu'il en restait dans les villages arméniens du voisinage fut ineptement dilapidé ou détruit par les Bachi-Bozouks qui rôdaient dans la contrée. Lorsque l'on eut ainsi passé quelques semaines dans l'oisiveté, et que, dans l'intervalle, Ali-Pacha, envoyé du côté d'Akiska, eut été battu par les Russes sous Andronikof, et repoussé au-delà de la frontière, il ne resta plus qu'à renoncer à la position de Baïndir, et qu'à se retirer vers Kars. Les Russes, qui, sur ces entrefaites, avaient complété leurs préparatifs de défense, et avaient réuni les forces nécessaires pour porter à leur tour un coup offensif, suivirent alors l'armée turque qui se retirait, l'atteignirent à mi-chemin de Gumri à Kars, et lui firent éprouver, près du village de Guédikler, une défaite complète ; après quoi, contents de ce succès, ils se retirèrent de nouveau vers Gumri, où ils prirent, ainsi que dans les environs, leurs quartiers d'hiver.

L'armée turque, absolument démoralisée par les deux défaites de Guédikler et d'Akiska, s'enfuit derrière les retranchements de Kars, ville dans laquelle elle passa tout l'hiver. Telle fut la fin de la première campagne contre les Russes en Asie, sur la ligne Kars-Tiflis.

Abdi-Pacha fut alors destitué, et remplacé par Akhmet-Pacha, Kourde grossier et ignorant, sous le commandement duquel commença véritablement l'époque de souffrances pour l'armée de Kars. Bientôt l'armée était réduite à 8000 hommes, et précisément près de sa dissolution complète, lorsque, à temps encore, ce commandant en chef fut rappelé, à cause de sa conduite honteuse, et cité devant un conseil de guerre. Moustapha-Zarif-Pacha lui succéda. Quoiqu'il ne fût pas riche en connaissances militaires, cet officier possédait la bonne qualité de diriger son attention sur une administration probe de l'armée, et, un peu plus que son prédécesseur, sur des soins réguliers. L'état de l'armée commença donc, sous lui, à s'améliorer véritablement, et, renforcée de tous côtés par de nouveaux détachements, elle vit, jusqu'à l'été de 1854, son effectif monter au même chiffre qu'auparavant.

Mais l'état moral, du moins parmi les officiers

supérieurs, parut empirer dans la même proportion que l'état physique de l'armée s'améliorait. Aussitôt après la défaite de Guédikler, on avait envoyé à Kars un certain nombre d'officiers européens, avec mission d'aider à la réorganisation de l'armée. Ces officiers, au lieu de vivre en harmonie et de donner aux Turcs un bon exemple, ne surent pas mieux remplir leur mandat, qu'en intriguant, autant que possible, les uns contre les autres, et en se contrariant sans relâche. Le plus capable d'entre eux tous, le général hongrois Stein (Ferhat-Pacha), qui, par la considération dont il jouissait auprès des Turcs, aurait seul été en état de donner aux opérations prochaines une meilleure direction, fut, à la suite d'indignes dénonciations, rappelé de l'armée peu après qu'il y était arrivé. C'est ainsi que l'été approchait, et l'armée, suffisamment renforcée, aurait pu recommencer ses entreprises, si la désunion de ses chefs ne l'eût empêché.

Pour mettre fin à cet état de choses, le gouvernement turc adressa aux commandants supérieurs à Varna la demande d'envoyer un général anglais et un général français à l'armée de Kars, pour y établir un peu d'ordre dans les affaires de l'état-major, et dans la conduite des opérations. On le refusa ; mais on donna, par contre, au gouvernement turc, le conseil d'employer à cette mission un général étranger qui se trouvait justement alors à Constantinople, et qui, jusqu'à ce moment, avait vainement offert ses services. Pendant la campagne de Hongrie, ce général avait donné des preuves suffisantes de son expérience de la guerre, et eût été parfaitement apte à remplir une pareille tâche. Mais la Porte ne crut pas devoir accueillir le conseil qu'on lui donnait, parce que l'Autriche se formalisait de ce choix, et que, le traité touchant l'occupation des Principautés étant précisément sur le tapis, les considérations à l'égard de cette Puissance ne pouvaient être mises de côté.

Si, à cette époque, les Alliés eussent envoyé deux ou trois mille Anglais et Français, et à leur tête un bon général, pour soutenir les Turcs en Asie, on eût encore pu réparer tout ce qui avait été manqué dans la campagne précédente et depuis lors; car les Russes n'avaient pas encore acquis une force suffisante pour pouvoir continuer avec succès leur défense contre une attaque sérieuse et bien dirigée. Cela n'ayant point été fait, l'issue de la seconde campagne était facile à prévoir, et l'on peut encore considérer comme un bonheur que cette issue n'ait pas été plus défavorable, et que la Perse ne se soit pas depuis longtemps déjà déclarée contre la Turquie.

Lorsque, au mois de juin, les Russes s'aperçurent que leurs adversaires ne songeaient à aucune attaque, ils abandonnèrent les positions qu'ils avaient occupées jusqu'alors, et ils prirent l'offensive. Le corps principal, composé d'environ 20,000 hommes, s'avança de Gumri vers Kars, et prit position à Kourouk-Déré, en face du gros de l'armée turque, en lui offrant le combat. Sur la ligne Erivan-Baïazid, un corps détaché, sous le général Wrangel, força les passes de l'Ararat, battit le corps qui s'y trouvait, et occupa Baïazid. Après un court séjour, ce corps russe se dirigea sur Toprak-Kalé, sur la route d'Erzeroum, et menaça les communications et la ligne de retraite de l'armée de Kars.

A cette nouvelle, on se décida, dans le camp turc de Kars, à attaquer la position des Russes à Kourouk-Déré ; mais on l'exécuta, le 4 août, avec des dispositions si vicieuses, que, malgré la considérable supériorité numérique des Turcs, l'affaire se termina par leur défaite, et que les Russes restèrent maîtres du champ de bataille. Les Turcs perdirent environ 5000 hommes, en blessés, tués et prisonniers; les Russes, d'après leurs propres données officielles, perdirent plus de 3000 combattants : ce qui est une preuve que, si la victoire se déclara contre les Turcs, ce ne fut point par manque de bravoure de la part des troupes, mais par absence de capacité du côté de leurs chefs.

Les pertes sensibles que, d'après leur aveu même, les Russes éprouvèrent dans cette rencontre, et l'attaque simultanée et désastreuse de Chamyl contre le district de Tiflis, telles furent les causes pour lesquelles, non-seulement ils ne profitèrent point de leur victoire, mais encore, après avoir conservé quelque temps leur position, ils allèrent jusqu'à effectuer de nouveau leur retraite sur Gumri, en repassant la frontière. Des motifs semblables paraissent avoir aussi donné lieu à ce que la colonne russe sous les ordres de Wrangel renonça à s'avancer sur la ligne Baïazid-Erzeroum, et se retira vers Erivan.

Une complète cessation d'hostilités commença alors sur ce théâtre de la guerre, et elle dure jusqu'aujourd'hui sans interruption. Les deux partis se bornèrent à s'observer de loin, et, à l'approche de l'hiver, ils prirent leurs quartiers. Les Russes le firent, comme l'année précédente, avec leur corps principal entre Gumri et Tiflis, et avec leur aile gauche à Erivan. Les Turcs transportèrent leur gros à Erzeroum, et laissèrent à Kars et à Ardahan un corps d'observation, fort de 10,000 hommes. Zarif-Moustapha-Pacha, Kourchid-Pacha et plusieurs autres pachas furent, bientôt après l'affaire de Kuruk-Déré, déposés et rappelés à Constantinople. Pareillement, la plupart des officiers européens furent éloignés de l'armée, et, en automne, Vassif-Pacha, ayant pour conseiller le colonel anglais Williams, fut nommé commandant en chef de l'armée de Kars. Les événements prochains montreront comment ces deux officiers réussiront à réparer toutes les fautes de leurs devanciers.

III.

Passons maintenant aux événements de l'autre théâtre de la guerre en Asie, c'est-à-dire sur la côte orientale de la mer Noire.

Nous avons indiqué, comme condition capitale de l'offensive à prendre contre les Russes en Asie, le soulèvement des Géorgiens et des peuplades montagnardes du Caucase. Le point d'où cela pouvait s'effectuer le plus facilement, est Batoum. C'est là et dans les environs, que, dans l'automne de 1853, fut concentré un corps turc, dont la force s'accrut, pendant l'hiver, jusqu'à 16,000 hommes, avec 24 canons. Sélim-Pacha reçut le commandement de ce corps. Hassan-Bey, riche propriétaire foncier de la province turque de Tchourouksou, énergique, vaillant, mais se laissant aller quelquefois au pillage, commandait les Bachi-Bozouks. Connaissant le terrain, et d'intelligence avec quelques Géorgiens, dans la nuit du 28 octobre, il donna l'assaut au fort frontière russe de Saint-Nicolas, et en massacra la garnison. Les Russes, trop faibles pour pouvoir essayer sérieusement de reprendre le fort, restèrent quelque temps inactifs à la frontière ; et plus tard, probablement inquiets de l'apparition de la flotte alliée, ils se retirèrent dans l'intérieur, du côté de Koutaïs, ne laissant qu'un faible détachement pour observer les

Turcs. Sélim-Pacha s'avança alors sur le territoire russe, jusqu'à Osourghéti, à trois lieues de la frontière; et là, il se mit en communication directe avec les Géorgiens.

La race géorgienne s'étend sur tout l'ouest de l'isthme caucasique. Le plus grand nombre, c'est-à-dire les habitants des ci-devant petits royaumes indépendants, situés dans la vallée du Kour et dans celle du Rion, tels que : la Géorgie, l'Iméréthie, la Gourie, la Mingrélie, etc., qui forment aujourd'hui les gouvernements russes de Koutaïs et de Tiflis, appartient à la foi chrétienne. Ceux qui demeurent sur le territoire turc, et quelques restes dispersés dans le Caucase, confessent l'islamisme. Le nombre des Géorgiens chrétiens monte à plus d'un million; parmi eux se trouvent 60 ou 80,000 hommes capables de porter les armes. Pour les engager à une levée de boucliers contre les Russes, il fallait flatter leur fierté nationale, et leur présenter la perspective de l'établissement d'un Etat géorgien, libre et chrétien, sous le protectorat des Puissances alliées. Ils s'étaient soumis aux Russes, comme nous l'avons dit au commencement de ce chapitre, parce qu'ils n'étaient pas plus longtemps en état de résister aux attaques des Perses, des Turcs et des peuples montagnards, qui les menaçaient d'un complet anéantissement. Si, depuis lors, ils avaient, dans leur pays, joui de quelque repos et de quelque sûreté, ils le devaient aux Russes; et s'ils arrivaient à risquer ces biens dans une lutte dont l'issue n'était pas certaine, il fallait, en revanche, leur donner l'espoir d'une récompense proportionnée. Cette récompense ne pouvait être aucune autre que leur liberté et leur indépendance nationale. Une telle perspective était aussi la seule qui se trouvât d'accord avec l'assertion des Alliés : que la lutte en Orient avait lieu pour le progrès et le bon droit. Qu'arriva-t-il? La tente de Sélim-Pacha n'était pas encore dépliée sur le sol géorgien, que déjà des troupes de pillards turcs parcouraient le pays pour enlever de jeunes garçons et des filles, et les envoyer, comme de bonne prise, au marché d'esclaves de Batoum ou de Trébizonde. Le chef d'armée du corps de Batoum lui-même, ne regardait pas comme au-dessous de sa dignité de s'approprier un certain nombre de ces malheureuses créatures, probablement dans l'intention de les employer plus tard, dans la capitale, pour s'y faire des amis. Après une apparition si exemplaire des troupes turques d'occupation, et une si honorable conduite de leur commandant, suivit la sommation aux Géorgiens de se ranger sous la domination turque, et, comme preuve de leur nouvelle fidélité de sujets, de soutenir la lutte du croissant contre leur ancien maître. On devine facilement quel écho dut trouver une pareille sommation chez une population que les Turcs eux-mêmes venaient de maltraiter. Parmi les habitants notables du pays, il ne s'en rendit *qu'un seul*, nommé Dimitri, au quartier-général turc; et celui-là même, non pour être revêtu du caftan, mais pour ramener le Pacha à de meilleures vues, et lui donner connaissance des dispositions menaçantes de ses compatriotes[1]. Sélim insista cependant pour que le pays se soumît; folie dans laquelle il fut encore fortifié par les instructions de son gouvernement. Et que faisaient les représentants des Puissances alliées, à Constantinople? Bien éloignés d'intervenir en faveur des Géorgiens, ils dirigeaient plutôt leur attention exclusive vers les événements du Danube. A quoi bon observer ce qui se passait en Asie, et encore sur un théâtre secondaire [2]. On aurait pu croire qu'on voulût précipiter la Turquie vers sa ruine, afin qu'après les quelques avantages obtenus par elle sur le Danube, elle ne portât pas la tête trop haut, et devînt plus faible et plus souple pour les négociations de paix qui pourraient survenir. *Mais l'accroissement de la puissance russe en Asie? Sa pression sur la Perse? Le chemin de l'Inde?*

1. Il paraît que, plus tard, ce même homme, accusé mais non convaincu de trahison, fut décapité par ordre de Sélim-Pacha.

2. Il est aussi possible, que cette fois-ci les représentations des ambassadeurs n'aient point trouvé d'accès auprès des Turcs, et que, n'étant pas suffisamment soutenus par leurs gouvernements, ils aient manqué de la force nécessaire pour agir avec plus d'énergie.

Les conséquences de si graves retards des Alliés, d'une conduite si impardonnable de la part des Turcs, ne se firent pas longtemps attendre. Les Géorgiens prirent les armes, *non pour les Turcs, mais contre eux,* se réunirent par milliers, et, par l'esprit guerrier et le courage qui leur sont propres, devinrent depuis lors la force principale de la défense russe.

Dans une de ses courses, Hassan-Bey, celui qui avait pris d'assaut Saint-Nicolas, rencontra le corps russe d'observation, dans une position où il résolut de l'attaquer. Sélim-Pacha, avide de nouveaux lauriers, surtout lorsqu'ils étaient cueillis pour lui par d'autres, donna son consentement. L'issue du combat est connue. La surprise échoua. Hassan-Bey, avec plus de 1500 hommes, et parmi eux la meilleure partie des Bachi-Bozouks, restèrent sur la place, ou furent massacrés dans leur fuite par les Géorgiens qui les poursuivirent. Quelques jours plus tard, le destin d'Hassan-Bey devint celui de Sélim-Pacha, à l'exception de l'honneur que celui-là eut de périr sur le champ de bataille. A la nouvelle de la défaite d'Hassan, Sélim s'était retiré d'Osourghéti sur Lakva, où il fut, le 9 juin, attaqué par les Russes sous Andronikof, et complètement battu. Après un combat de trois heures à peine, tout le corps turc s'était débandé, avait abandonné canons, tentes et bagages, et, dans un affreux désordre, s'était enfui sur le territoire ottoman.

Les débris du corps battu furent réunis à Batoum; et comme les Russes ne faisaient pas mine de passer la frontière, ces débris furent, plus tard, reconduits dans leur précédente position, entre Saint-Nicolas et Tchourouksou. C'est là que, dans l'été et l'automne de 1854, le corps fut renforcé de nouveau et pourvu d'une artillerie suffisante ; mais, depuis lors, il demeura inactif à la même place. Au mois d'août, Moustapha-Pacha remplaça Sélim ; on lui confia en même temps le commandement supérieur de toutes les forces réparties sur la côte orientale de la mer Noire. Si, dans l'été de 1854, les Alliés eussent débarqué sur cette côte un détachement de quelques milliers d'hommes, il eût toujours été temps encore, en se réunissant au corps turc, de s'avancer dans la vallée du Rion, et, par une conduite digne et loyale, de détourner les Géorgiens du parti des Russes. Mais on négligea cela, et on laissa aux Russes le temps d'enflammer encore davantage la haine de la population géorgienne contre les agresseurs. Ce ne fut pas avec moins de négligence et d'impéritie que l'on agit à l'égard des circonstances favorables qui se présentaient sur la côte circassienne et abchasienne, en général chez les peuples montagnards de l'ouest.

IV.

Depuis Pierre-le-Grand jusqu'à nos jours, tous les efforts et tous les sacrifices faits par la Russie pour soumettre les vaillantes tribus du Caucase, n'ont conduit qu'à des résultats partiels et insuffisants. A la vérité, le cercle de l'occupation russe est devenu toujours plus resserré; les défenseurs du pays ont été toujours plus profondément repoussés dans l'intérieur de leurs montagnes et de leurs gorges; mais leur résistance n'a pu être brisée par là, et la plus petite partie d'entre eux seulement a courbé sa tête altière sous le joug des Russes; la plus considérable est restée libre et indépendante, et elle continue la lutte avec un courage indomptable. Tous, libres ou opprimés, nourrissent la même haine mortelle et implacable contre tout ce qui porte le nom russe.

Les tribus qui, jusqu'à présent, ont su conserver leur indépendance, sont, à l'ouest, le long de la côte: les Circassiens[1], les Abchases, et quelques peuplades moins nombreuses. Des descendants des anciens Khans tatars de la Crimée, et beaucoup de fugitifs Nogaïs, qui ont trouvé dans ce pays un lieu d'asile, y

1. On désigne par le nom de Circassiens toutes les tribus qui habitent la pointe nord-ouest de la chaîne; ils se distinguent entre eux par les noms d'Adighes, d'Abases, d'Abasèthes, et de plusieurs autres plus petites peuplades.

contribuent, spécialement chez les Circassiens, à la continuation de la résistance. Une direction commune manque toutefois à la lutte; et c'est pour cela que, depuis plusieurs années, n'ont plus eu lieu que rarement des entreprises un peu considérables contre les Russes.

Au sud de l'Elbrous, sur l'Ingour supérieur, les Svanes forment une sorte de république. A la vérité, ils ne se trouvent point sous la domination russe, mais ils ne lui font point de guerre ouverte.

La plus grande résistance que rencontre la puissance russe, a lieu *dans l'est de la chaîne*, où Chamyl s'est mis à la tête du mouvement, et, par sa sévérité ainsi que par sa justice, obtient de ses subordonnés une obéissance illimitée. Ce sont principalement des tribus tchetchenzes et lesghiennes qui font ici la guerre; dans ces derniers temps, on a suffisamment écrit au sujet de leur organisation.

Les Russes ont, avec le temps, ou complètement subjugué les autres peuplades du Caucase, ou bien leur ont laissé leurs chefs, et se sont contentés de leur imposer un tribut.

Soutenir tous ces peuples contre la Russie, dans leur lutte pour l'indépendance; les réunir en confédération solide, et s'occuper de leur existence future comme Etat, eût été certainement aussi convenable aux intérêts des Alliés et important pour la sûreté de la Turquie, que la démolition projetée de Sébastopol et la destruction de la flotte russe.

Les contrées qui étaient ouvertes aux Alliés pour ce but, et d'où, en intelligence avec les chefs, ils auraient pu prendre facilement et immédiatement la direction de la lutte, étaient les districts du Kouban, sur la Laba, et le long de la côte maritime, à partir d'Anapa et de Soudchouk-Kalé, en descendant jusqu'à la Mingrélie. Le nombre des habitants de ces contrées s'élève, d'après les données statistiques des Russes, ainsi que suivant d'autres, à plus de 700,000 âmes, parmi lesquelles il y a de 80 à 100,000 hommes en état de porter les armes [1].

L'évacuation par les Russes de tous les points fortifiés sur les côtes, à l'exception d'Anapa, de Guélentchik et de Soudchouk-Kalé, laissait aux Alliés la liberté de débarquer, avec quelques milliers d'hommes, sur tout point qui leur conviendrait; d'établir une ou plusieurs places d'armes, et de rassembler en masse autour d'eux les tribus montagnardes. Personne parmi ceux qui connaissent la pauvreté, et par conséquent la soif d'argent des habitants de ces contrées, ne doutera un seul instant, qu'avec la même somme qu'exige l'entretien d'une division

1. Le théâtre de la guerre de Chamyl dans le Caucase oriental (le Daguestan, le Lesguistan et la Tchetchna), avec une population aussi forte pour le moins, est trop éloigné de la côte, et, de plus, séparé d'elle par des tribus soumises et des lignes russes. L'influence des Alliés sur les événements de ce pays ne pouvait en conséquence être que médiate et plus insignifiante.

anglaise, 50,000 hommes n'eussent pu être rassemblés, tenus à la solde, organisés et exercés par des officiers européens et turcs, suffisamment pour être employés avec succès contre les Russes, surtout dans les montagnes. Cette masse, renforcée par 10,000 hommes de cavalerie irrégulière, sous la conduite de leurs propres princes (*begs*), mais pareillement à la solde des Alliés, et appuyée sur une forte division de troupes alliées, aurait suffi pour une double opération: au nord, entreprendre, avec le corps principal, le siége d'Anapa et de Soudchouk-Kalé; s'établir sur le Kouban, pour menacer de là les communications des Russes avec les contrées caucasiennes; au sud, avec un corps assez considérable, pénétrer dans l'intérieur de la chaîne, pour forcer à se rallier toutes les tribus qui auraient encore hésité; de concert avec elles, se mettre en possession du défilé de Dariel, et s'efforcer de communiquer avec Chamyl. Les Russes dans les pays transcaucasiens auraient alors perdu la seule route par laquelle ils pussent passer la chaîne, et se seraient vus bornés à la ligne de retraite et de communication par Derbend, sur la mer Caspienne, ligne qui se trouve au milieu d'une population musulmane hostile et prête à se soulever. Une double et puissante diversion en eût résulté, aussi bien au profit des Alliés sur le théâtre de la guerre en Europe, qu'à l'avantage des Turcs durement battus à plusieurs reprises en Asie.

Mais, au lieu de procéder de cette manière, les Alliés permirent, dès le commencement, que les vapeurs russes, au printemps de 1854, embarquassent tout-à-fait paisiblement les garnisons de tous les forts russes isolés sur la côte, ainsi que tout le matériel de guerre qui s'y trouvait entassé, et les emportassent pour renforcer la garnison d'Anapa et le corps russe en Mingrélie. On s'excusa en disant que cela s'était passé avant la déclaration de guerre. N'aurait-on pu cependant employer une partie de la flotte turque, pour empêcher les Russes d'exécuter ce transport? Il n'eût pas été difficile, avec l'aide des peuplades montagnardes, de s'emparer de tous ces postes perdus, avant que les Russes eussent songé à les évacuer, par quoi ceux-ci auraient perdu près de 5,000 hommes et une quantité considérable de matériel de guerre: résultat heureux qui, dès l'abord, eût, en outre, produit sur la population caucasienne l'impression la plus favorable. Plus tard, les Anglais et les Français se contentèrent de faire croiser quelques vapeurs sur la côte de Circassie, et, tout au plus, de faire de petits présents aux chefs qui venaient à leur bord; d'avoir pour eux quelques attentions, et de parler des plans de guerre contre la Russie, tout en s'exprimant en termes recherchés et absolument incompréhensibles pour ces enfants de la nature. Les Turcs, de leur côté, rêvaient le rétablissement de leur ancienne puissance dans le Caucase, nommaient des gouverneurs civils et des gouverneurs militaires, et les envoyaient, bien pourvus de firmans, mais sans armes, sans argent et sans troupes, à Soukoum-Kalé, pour y établir le siège principal du gouvernement ottoman dans les pays caucasiens.

Naïb-Effendi, commissaire de Chamyl, qui était en haute considération auprès des Circassiens et des autres peuples montagnards de l'ouest, vint à Soukoum-Kalé; et de là se rendit, accompagné de nombreux chefs, à Constantinople, pour s'entendre avec la Porte sur la conduite commune et future de la guerre, et pour nouer une liaison entre elle et Chamyl. Vainement! Il arriva aux montagnards musulmans exactement la même chose qu'auparavant aux Géorgiens chrétiens : la Porte demanda leur soumission à la domination du Sultan, leur maître légitime. Naïb et ceux qui l'accompagnaient quittèrent Constantinople, sans être parvenus à rien.

La seule partie des montagnes dans laquelle les Turcs réussirent à se procurer un peu d'influence, est l'Abchasie; mais ici encore cela n'a eu lieu qu'au détriment des malheureux habitants. Le gouvernement turc, en effet, a commencé son action pleine de bénédictions, par nommer une douzaine de pachas, et par promettre à chacun d'eux le gouvernement de l'Abchasie, tout en désignant à chacun son rival. C'est à cette sage et paternelle politique que l'on doit la guerre civile qui s'alluma dans les montagnes, et le fait que les Abchases, au lieu de combattre les Russes, en sont aux mains entre eux actuellement. Les Circassiens, plus sages que leurs voisins les Abchases, ont su se préserver jusqu'à ce jour de ce ménage de pachas turcs, et ils aiment mieux faire, avec leurs propres forces, la petite guerre contre les Russes. Les circonstances n'ont point changé chez eux; elles sont les mêmes qu'avant la guerre. Ils ont devant eux les Cosaques de la mer Noire et de la ligne du Caucase; dignes adversaires, aussi braves que les Circassiens, mais supérieurs à ceux-ci en rase campagne, à cause de leur artillerie. Ces Cosaques défendent leurs foyers, et, pour cette raison, aussi longtemps qu'une plus grande invasion ne sera pas préparée, la Russie peut être tranquille sur le sort de cette partie de ses provinces frontières [1].

Les Alliés ont, dès l'abord, accordé trop peu d'attention au théâtre de la guerre en Asie, et particulièrement au Caucase. Ils auraient dû reconnaître que le territoire du Caucase est une partie qui complète le théâtre de la guerre dans le Sud, et que,

1. Les sympathies des Circassiens, ainsi que des autres peuples montagnards, ont été, en outre, dans ces derniers temps, encore très-refroidies par la défense intempestive du commerce des esclaves. Le moment n'était rien moins que bien choisi; et l'on aurait pu renvoyer à une autre époque cette mesure, d'ailleurs si impérieusement commandée par l'humanité.

comme la Pologne dans l'ouest, le Caucase, au sud, constitue la plaie toujours ouverte de la Russie. Ils auraient dû comprendre qu'une vigoureuse offensive dans le Caucase, et la défaite des armes russes dans ce pays, auraient considérablement allégé leur tâche sur les autres théâtres de la guerre. On craignait que la complète prise de possession du Caucase ne fût un gain encore trop petit; que ce résultat ne pût être utilisé assez tôt; et l'on oublia les forces russes qui auraient été anéanties, et la circonstance que, l'année suivante, une armée turque, persanne et caucasienne, composée de plusieurs centaines de mille hommes, aurait pu descendre des montagnes, et pénétrer dans l'intérieur de la Russie, jusqu'au Don et au Volga. On ne comprit pas du tout qu'un pareil coup ébranlerait la Russie jusque dans ses fondements, et aurait des conséquences incalculables pour toute la guerre. En un mot, on ne comprit rien et l'on oublia tout, en se bornant, pour réduire la Russie, exclusivement aux préparatifs de l'expédition de Crimée.

CHAPITRE III.

La Campagne des Alliés.

I.

Après une série de négociations infructueuses, pendant lesquelles les deux Puissances occidentales montrèrent autant de longanimité que la Russie trahit de ruse et de mauvaise foi, on se vit enfin forcé, à Londres et à Paris, de déclarer la guerre au Tsar. Cette déclaration fut communiquée aux Corps législatifs des deux pays, et reçue par eux avec enthousiasme. Il était dit dans cette communication : *que la guerre serait courte, mais décisive ; et que la France et l'Angleterre emploieraient tous les moyens pour assurer l'Europe contre le retour de semblables complications.*

Cette noble résolution trouva le plus éclatant écho dans le cœur de tous les peuples. Trop longtemps déjà la pression de la Russie s'était fait sentir sur l'Europe ; trop longtemps déjà elle s'opposait à tout progrès, à chaque mouvement de liberté civile :

c'était bien le moment de briser cette pression, et de rétablir sur ses bases naturelles l'équilibre entre les divers Etats de l'Europe.

Cependant, les premiers commencements montrèrent déjà combien peu étaient fondées les espérances que l'on rattachait à cette déclaration solennelle. Les forces que les Alliés croyaient suffisantes de leur part, se trouvaient dans la disproportion la plus criante avec le but annoncé ; elles ne pouvaient suffire qu'à une vaine démonstration, aucunement à une entreprise sérieuse. D'abord, l'Angleterre ne voulait envoyer que 10,000 hommes, la France que 20,000, sur le théâtre de la guerre, et ce ne fut que lorsque le ridicule de cette mesure sauta trop aux yeux, que l'on se décida à doubler le chiffre.

Avant d'envoyer ce corps auxiliaire, on expédia le général anglais Burgoyne et le colonel français Ardant à Constantinople, et de là au Danube, par Varna ; ils devaient examiner l'état de l'armée turque, et faire rapport à leurs gouvernements touchant le lieu de débarquement le plus favorable pour les troupes expéditionnaires.

Ces deux officiers, habitués aux parades militaires de Hyde-Park et du Champ-de-Mars, ne paraissent pas être revenus précisément fort édifiés de l'aspect de l'armée turque ; de là l'appréhension qui se manifesta dans leurs rapports : qu'*il serait possible aux Russes de forcer les positions turques, et, avant l'ar-*

rivée des troupes auxiliaires alliées, de paraître sur les versants méridionaux du Balkan : appréhension qui n'était rien moins que fondée, et qui fut suffisamment réfutée par l'attitude des Turcs durant l'hiver, et plus tard, pendant le siége de Silistrie.

Encore sous l'impression de ces craintes, le général Burgoyne recommanda l'établissement le plus prompt de lignes fortifiées devant Constantinople, et désigna, d'accord avec son collègue français, Gallipoli, comme la place la plus favorable pour le débarquement de l'armée auxiliaire alliée.

Dans l'article bien connu du *Moniteur* français sur la campagne d'Orient, les considérations qui déterminèrent ce choix sont plus explicitement indiquées; il y est dit : « Le premier principe pour une guerre maritime est de choisir un point de rassemblement à l'abri des atteintes de l'ennemi, d'une défense facile, d'un abord commode pour le débarquement et l'approvisionnement de l'armée, et qui permette à celle-ci de se mouvoir en avant, ou de se replier sur sa base d'opérations si elle y était forcée, et de trouver, en cas d'insuccès, l'appui et le refuge de ses flottes. » Nous nous permettrons de remarquer à ce propos *que Varna aurait tout aussi bien répondu que Gallipoli, à toutes les conditions ci-dessus énoncées.*

A Varna, en effet, l'armée qui aurait opéré son débarquement se fût trouvée à l'abri des attaques de l'ennemi ; car, à l'ouverture de la guerre, les ouvrages de fortification avaient été mis en parfait état ; de même, ici, en cas d'un revers en rase campagne, l'armée pouvait trouver un refuge derrière les remparts de la forteresse, et même, si cela était nécessaire, sur ses flottes. Mais, au contraire, l'armée auxiliaire était, à Gallipoli, beaucoup trop éloignée, pour pouvoir influer en faveur des Turcs sur la marche des événements du Danube ; tandis qu'à Varna elle se fût trouvée en communication directe avec le gros de l'armée turque, et eût exercé, par sa seule apparition, l'influence la plus heureuse sur le moral et la persévérance de celle-ci.

Le *Moniteur* dit plus loin :

« Les Russes, en passant le Danube à Routschouk, en s'avançant sur Andrinople, et en laissant à leur gauche les forteresses turques et même Constantinople, pouvaient nous y devancer et fermer la retraite à nos flottes engagées dans la mer Noire. Il y avait là un grand péril, que la prévoyance des gouvernements alliés sut reconnaître et conjurer.

» Une autre considération prescrivait encore l'occupation préalable de Gallipoli. Au moment du départ de l'expédition, c'est-à-dire au mois d'avril 1854, on se demandait avec inquiétude si nos forces militaires arriveraient à temps pour couvrir Constantinople. Une guerre défensive paraissait alors bien plus probable qu'une guerre offensive. C'était l'intégrité de l'empire ottoman qui était menacée et déjà entamée, et que nous allions défendre et reconquérir. Une bataille perdue par les Turcs sur le Danube pouvait amener les Russes sur les Balkans en trois journées de marche, et leur ouvrir le chemin de Constantinople. L'occupation de Gallipoli couvrait entièrement cette capitale. Les deux gouvernements alliés comprirent qu'une armée russe, fût-elle entrée à Andrinople, ne pouvait s'avancer sur Constantinople en laissant sur son flanc droit 60,000 Anglo-Français; et c'est cette prévision qui se retrouve dans les instructions de l'Empereur.

» Ainsi donc, à tous les points de vue, pour parer à toutes les éventualités, la presqu'île de Gallipoli avait été admirablement choisie comme point de débarquement et base d'opérations. »

Nous considérons également cette manière de voir comme erronée.

A l'époque où les troupes alliées débarquèrent à Gallipoli, on n'avait plus besoin d'un coup-d'œil bien pénétrant pour reconnaître le but et la portée des opérations des Russes sur le Danube. Ils avaient déjà retiré leur aile droite de la Petite-Valachie, et de cette manière abandonné la route de Sophia, ligne d'opérations qui pouvait le plus facilement les conduire dans l'intérieur de l'empire ottoman, en tournant les lignes de défense des Turcs sur le Danube et au Balkan. Pour opérer sur la route de Sophia, il eût fallu, outre cela, la coopération des Serbes et des Bulgares, leviers dont les Russes n'auraient pu se servir, par égard envers l'Autriche, ce qu'il est facile de comprendre. Leur force principale se trouvait, en conséquence, réunie devant le centre des Turcs. Mais ici ils étaient, s'ils voulaient aller plus avant, forcés, d'abord d'assiéger Silistrie fortement occupée, et ensuite d'attaquer dans les excellents retranchements de Schoumla, le gros de l'armée turque, déjà passablement aguerrie. Omer-Pacha avait ouvertement déclaré ne vouloir livrer aux Russes aucune bataille en rase campagne avant l'arrivée des Alliés, mais bien s'occuper à défendre obstinément les forteresses du Danube, et tenir bon à Schoumla et aux autres passes du Balkan, jusqu'à la dernière extrémité. En présence de telles circonstances, il n'y avait pas à craindre que les Russes pussent s'établir trop tôt dans les défilés du Balkan, et encore moins qu'en si peu de temps ils pussent marcher sur Constantinople, avec des forces suffisantes[1].

1. Au commencement de ses opérations sur le Danube, au printemps de 1854, l'armée russe comptait en tout 120 à 150,000 hommes. Dans une occasion précédente, nous avons fait remarquer que, pour attaquer la ligne du Balkan, déduction faite de toutes les forces qu'il fallait laisser dans les Principautés et sur le Danube, il restait encore environ 70,000 hommes. C'est avec ce dernier chiffre de combattants que les Russes avaient à forcer Schoumla, Varna et d'autres positions bien fortifiées : que leur serait-il donc resté pour s'avancer sur Constantinople?

Cependant, au commencement de juin, toutes les forces des Alliés étaient arrivées en Orient; si donc ces forces s'étaient trouvées à Varna, au lieu d'être à Gallipoli, elles eussent menacé de ce point les derrières et les communications des Russes qui auraient passé le Balkan; et le général russe assez téméraire pour cela, aurait certainement eu à se repentir de sa résolution.

En conséquence, quoique nous accordions volontiers que Gallipoli était une place convenable pour y établir les dépôts, et comme point de ralliement pour les réserves que les Alliés enverraient, sous tout autre rapport nous devons contester l'utilité de ce choix, ainsi que son importance; et nous sommes convaincu que le *Moniteur* n'insista si complaisamment là-dessus, que parce qu'il souhaitait cacher ainsi le véritable motif qui rendait ce point de débarquement si agréable aux diplomates de Londres et de Paris, et qui n'était autre que de borner, aussi longtemps que possible, l'intervention des Alliés à une démonstration armée, et de mettre à l'épreuve, sur le Danube, la tenacité et la force des Turcs. Si tel n'était pas le motif capital, nous ne pouvons que déplorer la pénétration de ceux auxquels la direction des opérations en Orient était confiée.

Les événements qui suivirent démontrèrént pour le mieux ce que l'on avait gagné en choisissant Gallipoli pour base d'opérations. Les Russes, au lieu de s'avancer rapidement comme on l'avait craint, restèrent devant Silistrie, et s'occupèrent infructueusement du siège de cette forteresse. Si dans ce temps les Alliés se fussent trouvés à Varna, ils eussent pu, avec les Turcs, tomber sur l'armée russe, la forcer à lever le siège, et la rejeter en partie dans le Danube. Au lieu de cela, abandonnant Silistrie à son sort, ils dépensèrent le temps en revues et en parades, en marches et contre-marches sans but, entre Gallipoli, Constantinople et Andrinople, et ne se décidèrent, sur les prières réitérées et instantes d'Omer-Pacha et du gouvernement turc, à se rendre sur le véritable théâtre de la guerre, que lorsqu'il n'y eut plus rien à faire.

II.

Au milieu de juin, les divisions Cambridge et Canrobert débarquèrent à Varna, et le reste de l'armée les suivit bientôt. Au commencement de juillet, 54,000 hommes des troupes alliées se trouvèrent réunies dans cette place et aux alentours. A la même époque, les deux commandants en chef, lord Raglan et le maréchal Saint-Arnaud, étant pareillement arrivés, il était temps de songer aux opérations ultérieures. Avant d'en parler, disons quelques mots touchant la direction supérieure de l'armée des alliés, telle que nous la voyons dans l'été de 1854.

L'unité dans la direction supérieure des opérations est une nécessité capitale, depuis longtemps reconnue et irréfragable dans la guerre. Cette unité seule peut garantir une ferme volonté, de rapides résolutions et une exécution énergique. Ici, au contraire, nous voyons, sur un seul et même théâtre de la guerre, agir trois généraux en chef, communiquant avec trois amiraux, ce qui constitue une direction à six têtes. Tous les commandants supérieurs avaient, de leurs gouvernements respectifs, l'ordre de se concerter à l'égard de toute entreprise ; et comme, à côté de cela, il fallait aussi prendre en considération les bons conseils venant de Londres et de Paris, il est facile de se représenter une telle direction des opérations.

Le commandant anglais était un homme d'un mérite reconnu, et assez aimé de ses troupes, mais âgé, caduc, et trop attaché aux vieilles formes militaires de son pays. Lent dans ses déterminations, trop peu au fait de la situation générale, et encore moins des circonstances particulières du théâtre de la guerre sur lequel il devait agir, il commit, en outre, la faute de s'entourer d'un état-major composé en grande partie d'officiers inexpérimentés, qui n'étaient point à la hauteur de leur position, et qui, par leur inexpérience, ne firent que contribuer à lui attirer, plus tard, de si durs reproches de la presse anglaise.

Le commandant français n'avait point d'autre renommée que d'être un excellent sabreur, et d'avoir, le 2 décembre 1851, accompli avec vigueur, et sans autres considérations, les missions dont on l'avait chargé. Il n'a donné nulle part des preuves de hautes capacités militaires; et lors même que peut-être il fût en état d'entreprendre une expédition contre les Kabyles, ou de conduire une division dans une bataille rangée, à la tête de l'armée il se montra totalement incapable. De plus, il ne possédait ni la confiance ni la considération des troupes, et déjà lors de son arrivée à Constantinople, il était mortellement atteint.

Après la retraite des Russes de la rive droite du Danube, et leur évacuation des Principautés, laquelle eut lieu bientôt après, les Alliés pouvaient se décider à une des trois opérations suivantes : 1° à l'offensive contre le gros de l'armée russe ; 2° à une expédition en Crimée ; 3° à une campagne en Asie.

Depuis que les Russes avaient réussi à opérer leur retraite sans être poursuivis, et que les Alliés avaient laissé échapper l'occasion de battre devant Silistrie une partie des forces ennemies, les chances favorables à une vigoureuse offensive étaient passées pour la campagne de cette année-là. Le contraire ne peut être soutenu que par les gens qui ont appris à connaître la guerre par des livres et non par l'expérience. Après les pertes subies, les Turcs avaient encore 100,000 hommes ; les Anglais et les Français réunis n'en comptaient pas tout-à-fait 60,000; la cavalerie de l'armée alliée était insuffisante, et le corps auxiliaire n'avait ni moyens de transport, ni équipages de pont; point de réserves, point de parcs de siège. Il ne s'agit pas ici de savoir à qui il faut attribuer ces oublis, ces défectuosités, en tout cas inexcusables; ils existaient; on ne pouvait les réparer assez promptement, et ils entravaient la faculté opérative de l'armée. De l'autre côté, l'armée russe n'était, à la vérité, pas de même force; mais elle s'appuyait sur les forteresses de la Bessarabie; elle possédait une nombreuse et excellente cavalerie, des moyens de transport plus que suffisants, et pouvait, en peu de temps, se voir renforcée de 50 à 60,000 hommes. Nous sommes obligé cette fois de déclarer avec le *Moniteur*, qu'en présence de telles circonstances, une campagne offensive en Bessarabie n'eût promis aucun résultat favorable.

Mais, si l'offensive n'était plus possible cette année-là, il eût été du devoir des généraux alliés de la préparer pour la suivante; car on pouvait dès-lors prévoir avec sûreté, que la guerre contre la Russie ne se terminerait point par une seule campagne. La première des choses nécessaires pour cela était de rester en pleine possession de la Valachie, et de mettre l'armée dans une situation de laquelle, plus tard, elle pût, l'occasion s'offrant, passer sans obstacles à l'offensive. Après le changement de front opéré par les Russes, la stratégie exigeait de la part des Alliés un mouvement correspondant. Ce but aurait été atteint si le gros de l'armée alliée avait pris position dans le triangle formé par Giurgévo, Boukharest et Silistrie, en poussant les deux ailes en avant : la gauche, sur la route de Fokchann, pour observer la ligne du Séreth ; la droite, dans la Dobroutcha, pour observer les passages du Danube, Vis-à-vis de Silistrie et de Rassova il fallait établir de fortes têtes de ponts ; et la ligne du rempart de Trajan devait être fortifiée dans toute son étendue et par tous les moyens possibles. Il aurait fallu ajouter à l'armée turque principale, à laquelle cette opération aurait dû être confiée, sous condition d'éviter toute rencontre décisive avec le gros des Russes, une division anglaise ou française, pour influencer par son apparition la population des Principautés. Enfin, dans la Valachie elle-même, il fallait lever un corps de 60,000 indigènes, l'organiser par le moyen d'officiers du pays ou étrangers, et le répartir entre les Alliés, comme renfort. Dans cet arrangement, on pouvait attendre les autres réserves qui viendraient de France et d'Angleterre, et, aux approches du printemps, prendre, avec des préparatifs complets et des forces supérieures, une offensive énergique et décisive. Ces dispositions n'auraient aucunement empêché les Alliés, à la fin de l'été et dans l'automne 1854, d'employer 50,000 hommes autre part ; car nous avons remarqué, que dans une telle position défensive, et par la déclaration de la Russie de ne plus vouloir pénétrer dans les Principautés du Danube, et enfin, vu les engagements pris par l'Autriche, une division de l'armée alliée eût parfaitement suffi pour renforcer le corps principal des Turcs.

Mais qu'entreprendre avec ces 50,000 hommes? Pouvaient-ils rester dans une inaction qui aurait causé du découragement, et au milieu de laquelle l'éclat des drapeaux français aurait pâli? Telle est la question du *Moniteur*. Non; certainement ces 50,000 hommes ne pouvaient pas rester dans l'inaction, et avant que les maladies eussent si terriblement éclairci leurs rangs, on eût agi sagement en les employant ailleurs. Ce n'est que sur la question *où?* que nous ne sommes pas d'accord avec le *Moniteur*. Il y avait à choisir entre la Crimée et l'Asie [1]. Nous croyons que les généralissimes de l'armée et leurs gouvernements eussent mieux fait de se décider en faveur du dernier parti : la campagne en Asie. Un but brillant attirait, cela ne peut être nié, vers la Crimée; on y trouvait la possibilité d'atteindre, par un coup de main contre Sébastopol, à des résultats qui n'auraient pas été accueillis par l'opinion publique de l'Europe sans d'éclatants applaudissements. Mais ces résultats étaient plus que douteux. Les forces dont on pouvait

1. Nous ne parlons point ici d'Odessa. Un débarquement près de cette place, pour opérer de ce point, eût été une folie en cette saison.

disposer n'étaient aucunement suffisantes pour la grandeur de cette entreprise. Si le coup de main ne réussissait pas, des pertes sensibles et disproportionnées étaient certaines, et toute la conduite de la guerre des Alliés en Orient se trouvait paralysée pour longtemps, et surtout pour toute l'année suivante. La campagne en Asie promettait, au contraire, un succès assuré ; les Russes n'y possédaient point de forces suffisantes pour parer un coup soudain. La conquête des pays transcaucasiens, avec toutes les places sur la côte orientale de la mer Noire ; le soulèvement des tribus montagnardes et des Géorgiens ; la formation de nouveaux Etats-frontières ; enfin, la réunion de quelques centaines de milliers de combattants aguerris, dans les vallées du Caucase, pour une puissante invasion dans les provinces méridionales de la Russie : tels auraient été des succès importants, d'une conséquence durable, préjudiciable pour la Russie, et de plus encore, propres à faciliter les opérations offensives sur le Danube, en amenant forcément la dispersion des forces russes dans la campagne du printemps 1855. Un corps de 30,000 Anglais et Français embarqué dans ce but à Varna, au commencement d'août, pouvait, après l'accomplissement de l'opération, rejoindre, jusqu'en février ou en mars, l'armée du Danube ; les 20,000 hommes restant, laissés à Varna et à Schoumla comme réserve disponible, auraient formé le noyau de la grande armée de secours, pour le printemps suivant. Mais ce ne fut pas ainsi que pensèrent les deux généralissimes, non plus que les gouvernements occidentaux. L'armée de secours demeura deux mois immobile à la même place, sans savoir ce qu'il fallait entreprendre ; et alors seulement que s'accrut de plus en plus le mécontentement parmi les troupes cruellement éprouvées par les maladies, que leurs dispositions devinrent toujours plus menaçantes, on pensa à les occuper, et pour cela on organisa l'expédition de Crimée. Le plan de cette expédition fut dressé aux Tuileries, et obtint, comme l'on devait s'y attendre, la plus entière et la plus vive adhésion de la part de l'Angleterre et de l'Autriche.

A Vienne, on voyait avec inquiétude la guerre s'approcher des frontières autrichiennes ; les matières incendiaires qui, depuis 1849, s'étaient amassées en Hongrie et en Transylvanie, pouvaient s'allumer à la moindre étincelle, et jeter des flammes immenses. La continuation de la guerre sur le Danube troublait en outre la tranquille position de l'Autriche dans les Principautés, achetée par elle, aux dépens des Alliés, à si bon marché et si pacifiquement. Au contraire, plus les Russes et les Alliés s'éloigneraient de l'Europe, et plus ils s'épuiseraient par des combats locaux et sans but, plus la voix de l'Autriche acquerrait d'importance dans le conseil des Puissances, plus sûrement elle deviendrait, tôt ou tard, maîtresse de la situation.

Les Anglais étaient enchantés de l'entreprise, parce qu'elle leur offrait la perspective de la destruction des forces navales de la Russie dans la mer Noire, et parce que l'anéantissement ou l'amoindrissement de toute puissance maritime étrangère, a toujours été et sera en tout temps bienvenu pour cette nation commerçante. Dans le plan et l'exécution de la partie militaire de l'expédition, on abandonna volontiers l'initiative à la France, parce que, d'un côté, on pensait flatter l'empereur, et que, de l'autre, on rejetait ainsi sur lui la responsabilité, pour le cas d'une issue malheureuse.

III.

Pendant les deux mois que les troupes anglo-françaises passèrent sur le sol bulgare, une seule entreprise signala leur activité. Cette entreprise fut l'entrée d'une division française dans la presqu'île de la Dobroutcha. Sur un rapport fort inquiétant du général Canrobert, touchant les dispositions menaçantes de l'armée, le maréchal ordonna, de Constantinople, où il s'était établi avec son épouse, de donner provisoirement de l'occupation aux bataillons les plus impatients [1]. « Il doit y avoir encore des Russes dans la

1. Premier Mémoire d'un officier-général sur l'expédition en Crimée.

Dobroutcha, écrivit-il à Canrobert ; donnez-leur la chasse, et remportez un avantage quelconque, dont nous puissions faire une victoire à présenter à l'empereur, pour la fête nationale du 15 août. D'Espinasse serait peut-être le général le plus propre à ce coup de main. »

L'ordre du maréchal fut exécuté, et l'on confia l'entreprise au général d'Espinasse. Le résultat est connu. Quelques détachements de Cosaques attirèrent la colonne française toujours plus avant dans les marais empestés de la Dobroutcha ; puis ils disparurent. Après une chaleur tropicale et beaucoup de fatigues, la division fut submergée par des torrents de pluie. En peu de jours moururent un ou deux milliers d'hommes, et la moitié de ceux qui survécurent rapportèrent le germe de maladies.

C'est ainsi que l'on fit exécuter, par 10,000 hommes d'infanterie, la reconnaissance d'une contrée dévastée, opération pour laquelle quelques escadrons de hussards auraient suffi. Un maréchal Saint-Arnaud pouvait seul se promettre un brillant résultat de pareilles dispositions. Il montra dès ce moment combien ses capacités étaient loin d'atteindre à la grande guerre, et ce qu'il y avait encore de brillant à attendre de son coup-d'œil de général, et de son commandement. On peut parfaitement mettre à côté de cette expédition le bombardement d'Odessa. Si d'aussi grandes pertes que dans la Dobroutcha ne furent pas à déplorer ici, la cause de ce bombardement fut la même, c'est-à-dire servir à l'impatience du public de l'Europe un insignifiant bulletin de victoire.

A la fin de juin, lord Raglan reçut de son gouvernement l'ordre d'organiser les préparatifs de l'expédition de Crimée, en supposant que les informations qu'il recevrait sur ces entrefaites, présentassent une pareille entreprise comme exécutable. Dans le cas contraire, on lui donnait pleins pouvoirs de décider autre chose, et de s'entendre avec le maréchal de Saint-Arnaud. Il paraît que dans ce temps, lord Raglan n'approuva aucunement l'expédition. Il écrivit à Londres qu'il n'avait pu se procurer les renseignements nécessaires, et que l'occupation de Pérécop, qu'on lui recommandait comme introduction des opérations, ne lui paraissait ni prudente ni praticable. Nous ignorons ce qui put amener plus tard le généralissime anglais à d'autres opinions, et à se montrer mieux disposé pour l'expédition. Tout ce que nous savons, c'est que le jour du départ de l'expédition, ses informations en étaient au même point que lorsqu'il avait donné à son gouvernement la réponse négative dont nous venons de parler. Au commencement du mois d'août, on tint un grand conseil de guerre, dont le but était de prendre une résolution définitive touchant la possibilité d'exécuter l'entreprise, ainsi que de fixer les dispositions qui y seraient relatives. Auparavant déjà quelques officiers d'état-major et les deux généraux Canrobert et Brown avaient été envoyés pour reconnaître la côte sud-ouest de la Crimée. Les documents qu'ils avaient rapportés furent présentés au conseil de guerre, et l'on s'appuya sur ces documents pour décider le débarquement de l'armée expéditionnaire à Eupatoria.

Dans ce conseil, tenu à Varna, il eût appartenu à lord Raglan, qui possédait pour cela, de la part de son gouvernement, le pouvoir discrétionnaire voulu, de maintenir les objections qu'il avait jusqu'alors soulevées contre la possibilité d'exécuter l'entreprise; en quoi il eût été soutenu par le prince Napoléon, par le duc de Cambridge et par les deux amiraux, qui tous partageaient ses appréhensions. Quelques remarques acerbes, et calculées par le maréchal Saint-Arnaud pour changer les dispositions du conseil de guerre, suffirent toutefois à décider le vieux général, qui d'ailleurs y était poussé par ses jeunes officiers d'état-major, à donner sa pleine approbation au plan d'opérations émané de la France. A peine l'expédition était-elle résolue, que, par une proclamation hâtive et des plus intempestives à son armée, Saint-Arnaud trouva bon d'en informer les Russes. Une des premières conditions de réussite dans de semblables entreprises, c'est qu'on en garde le plus profond secret. La chose était doublement nécessaire dans le cas présent, vu que, par un ébruitement trop hâté de l'expédition préméditée, l'ennemi était parfaitement mis en état de prendre les mesures nécessaires pour la faire échouer. Si cette indiscrétion n'eût pas été commise par Saint-Arnaud, mais par toute autre personne de son état-major, on eût cité le délinquant devant un conseil de guerre, et on l'eût fait condamner comme espion et comme traître. On prit tranquillement les bravades de Saint-Arnaud, et on les attribua exclusivement à l'originalité de son caractère. Mais les Russes étaient avertis ; ils envoyèrent en Crimée des renforts considérables, et commencèrent à fortifier Sébastopol du côté de la terre.

A la fin d'août, quelque temps après la publication de la proclamation dont nous venons de parler, un second conseil de guerre fut encore tenu à Varna. On ne voit pas bien clairement dans quel but ce conseil fut réuni, après que l'expédition était déjà résolue, que les dispositions étaient prises, et que l'exécution en avait été annoncée à l'armée. Un général turc, ci-devant officier du génie en Autriche, plus tard général en Hongrie, le baron de Stein (Ferhat-Pacha), qui, à cause de sa connaissance des localités en Crimée, avait été appelé de Constantinople expressément pour ce conseil, avertit encore une fois des difficultés de toute l'entreprise, et fit la proposition suivante : Ne pas toucher cette année à la Crimée ni à la forteresse, parce que la saison était déjà trop avancée ; employer environ les deux tiers de l'armée alliée à la conquête de la Transcaucasie, et laisser le reste comme réserve en Roumélie et notamment sur le Danube. Il revenait en ce moment du théâtre de la guerre en Asie, connaissait parfaitement l'état des choses en ces pays, et pensait pouvoir répondre de la conquête de toute la Grousie et de toute la Mingrélie, du soulèvement des tribus montagnardes, et de l'évacuation à perpétuité par les Russes de tout le territoire situé entre la mer Noire et la Caspienne, au sud du Caucase, le tout dans l'espace de deux mois. La campagne en Crimée devait être ouverte le printemps suivant, après de plus grands préparatifs, avec des masses suffisantes, et se trouvant enfin soutenue du côté de l'Asie; elle devait commencer par l'occupation de Kertch et de Kaffa. Le maréchal de Saint-Arnaud eut l'air de pencher pour ce projet; mais en même temps il rappela la proclamation qu'il venait de lancer, et déclara qu'il était trop tard, et que la résolution prise ne pouvait plus être changée. En conséquence, ce second conseil de guerre ne fut autre chose qu'une sorte de comédie. Les Anglais qui y assistèrent parurent aussi s'être, dans les derniers temps, fortement infatués de l'idée de la prise de Sébastopol; car ce furent eux qui applaudirent le plus vivement à la décision du maréchal.

IV.

Les premiers navires de l'expédition prirent la mer le 4 septembre. Du 7 au 9, toutes les escadres se rallièrent à la hauteur de l'île des Serpents, et le dernier des jours ci-dessus indiqués, toute la flotte partit de là, par un bon vent et par un beau temps, pour l'Est-Sud-Est. Le 13 au matin, on distingua les blancs rivages de la Crimée. Le soir du même jour, on atteignit la hauteur d'Eupatoria, et le 14 fut employé à opérer le débarquement, près du Vieux-Fort, sur la place qui avait été, dans une seconde reconnaissance, trouvée la plus convenable, par les généraux Canrobert et Brown. Le jour suivant, les troupes alliées se trouvaient réunies sur le sol de la Tauride : elles se composaient de 60,000 hommes ; soit 27,000 Anglais, 25,000 Français, et 8,000 Turcs.

L'idée fondamentale du plan d'opérations des Alliés en Crimée, était : débarquement sur un point convenable quelconque ; marche rapide sur Sébastopol ; tentative d'un coup de main ou d'un siège hâté de cette place d'armes ; puis, rembarquement. Si, au commencement d'août, on eût entrepris l'expédition avec le secret nécessaire, les Alliés eussent pu disposer de deux mois entiers pour l'exécution de ce plan, avant qu'il eût été possible aux Russes d'envoyer en Crimée les renforts nécessaires, tirés de leur armée du Danube. Il leur restait donc quatre semaines au plus; et ils n'avaient pas un jour, pas une heure à perdre, si, menacés par une force ennemie supérieure, ils ne voulaient pas se voir eux-mêmes dans la plus fâcheuse situation. Il n'y avait rien à objecter contre le choix du lieu de débarquement. De ce point, l'armée pouvait, le long du rivage, s'avancer rapidement contre Sébastopol, et, ce qui était une nécessité absolue, vu l'absence des moyens de transport, elle s'appuyait sur sa flotte, durant toute l'opération. Le débarquement près de Kaffa et la marche de l'armée sur Simphéropol, tels qu'ils existaient dans l'intention de l'empereur, n'auraient pas offert des chances plus favorables. L'espace que l'armée aurait eu à parcourir de Kaffa à Sébastopol, et les considérations relatives à la sûreté de ses communications et de ses approvisionnements, n'auraient fait que donner aux Russes encore plus de temps pour se mettre en état de résister à l'attaque. Déjà, par suite du manque de tous moyens de transport, et se préoccupant des approvisionnements, on ne pouvait s'avancer que sur le rivage de la mer, sphère dans laquelle, et par bonheur, Sébastopol se trouvait aussi. En vue des forces disponibles, il ne pouvait être question d'occuper Pérékop. Mais que, simultanément avec le débarquement du gros de l'armée à Eupatoria, on ne mît pas à terre, près de Kertch, un corps secondaire, pour, du moins, couper aux Russes les communications avec leurs possessions du Caucase, et occuper la mer d'Azof, ce fut une omission que l'on paya cher plus tard. L'armée russe, en Crimée, reçut des ports de la mer d'Azof, durant tout l'été et le printemps, une grande partie de ses approvisionnements, et ses libres rapports dans cette direction lui permirent, en même temps, de faire venir des renforts précieux des colonies militaires et cosaques des bords du Don et de la ligne du Caucase.

Les Russes ne s'opposèrent aucunement au débarquement des Alliés ; mais ils se placèrent perpendiculairement sur le chemin que leurs ennemis étaient obligés de prendre pour s'avancer vers Sébastopol, objet de leurs opérations. Telle fut la cause de la victoire que remportèrent les Alliés sur l'Alma. Les Russes, au nombre de 30 à 35,000 hommes, ne purent résister à l'attaque des Alliés ; ils évacuèrent leur position, et se retirèrent sur Sébastopol.

De divers côtés, on a beaucoup écrit sur cette bataille, et les dispositions prises par les deux généralissimes ont été soumises à une sévère critique. Avec le but que les Alliés s'étaient proposé, rien, en effet, ne pouvait leur être mieux venu que l'offre d'une bataille rangée. Les Russes ne pouvaient le faire qu'avec des forces considérablement inférieures, et par conséquent, il dépendait des Alliés de diriger l'attaque, de telle sorte qu'elle conduisît à une entière défaite de l'ennemi. Il ne s'agissait plus ici d'un simple bulletin de victoire, d'une simple retraite des Russes. Si l'on voulait approcher du but, si l'on voulait rendre possible le coup de main sur Sébastopol, il fallait, en rase campagne, sinon anéantir l'armée russe, du moins la battre d'une manière décisive, et lui couper toute communication avec la forteresse. La plupart des opinions disent que le premier point, l'anéantissement de l'armée russe, serait devenu possible, si les Alliés eussent dirigé l'effort principal, non contre le front, mais contre le flanc droit des Russes, et eussent tenté par là de les jeter à la mer. Nous ne pouvons abonder dans ce sens; nous déclarons et croyons qu'une telle manœuvre, qui, vu le manque de toute cavalerie, n'aurait pu être exécutée que difficilement et avec de grands risques, n'aurait conduit qu'à obliger les Russes à quitter un peu plus tôt leur position de l'Alma, et à se retirer sur la Katcha ou le Belbek. Les *jeter à la mer*, ce dont parlent avec tant de légèreté les critiques de la bataille de l'Alma, n'était pas chose si facile; car l'on peut, en tout cas, accorder aux Russes assez de bon sens, pour admettre qu'ils auraient à temps reconnu le danger, et l'auraient évité par une prompte retraite. Nous croyons plutôt qu'une manœuvre contre le flanc gauche de la position des Russes, exécutée par trois divisions réunies, au lieu de l'être par la seule division Bosquet, et soutenue à temps par les autres divisions sur l'Alma, aurait amené au résultat assuré d'intercepter le passage entre l'armée russe et Sébastopol, et de la rejeter sur Baktchi-Saraï. Si l'armée alliée eût alors profité sans retard de la victoire, et poursuivi l'ennemi, il n'y aurait eu plus rien à faire pour Mentchikof qu'à se retirer sur Simphéropol, ou bien, si cela n'était plus possible, à se jeter dans les montagnes. Une partie de l'armée des Alliés aurait pu alors être employée à une plus longue poursuite, tandis que l'autre pouvait marcher sur Sébastopol. Mais, comme les choses se sont passées, la bataille de l'Alma ne fut qu'un simple combat de front, et, en exceptant le mouvement de la division Bosquet, elle ne fut accompagnée d'aucune belle manœuvre. Si Bosquet, obéissant plutôt à sa propre impulsion qu'aux ordres reçus, n'eût paru, au moment nécessaire, sur les hauteurs, à gauche des Russes, ceux-ci auraient pu rester maîtres du champ de bataille.

Le reproche principal que l'on peut faire avec droit aux généraux alliés, est de s'être avancés sans renseignements suffisants, et d'avoir négligé les reconnaissances, par lesquelles il pouvait être paré à cet inconvénient. Il était tout-à-fait dans l'ordre des choses que lord Raglan attendît les premiers succès des Français, avant de commencer son attaque (ce qui a si fort irrité Saint-Arnaud); car, si la bataille devait devenir décisive, le premier soin aurait dû être d'ébranler l'aile gauche des Russes, et de leur couper la retraite sur Sébastopol. C'est alors seulement que les Anglais auraient dû tomber sur le flanc droit des Russes ; mais, sur les instances continuelles de Saint-Arnaud, lord Raglan renonça trop tôt à cette sage disposition, ce qui fut la cause de ses grandes pertes, et rendit possible aux Russes de se retirer en bon ordre.

V.

Les Alliés employèrent deux jours (le 21 et le 22 septembre) au soin de leurs blessés, à réunir et à répartir de nouvelles provisions pour le camp, et enfin à se concerter touchant les opérations ultérieures. — Le 23, l'armée s'avança jusqu'à la Katcha ; et comme on n'y trouvait aucun ennemi, elle alla, le jour suivant, jusqu'au Belbek. Mais ici encore, il ne se trouva que quelques faibles détachements, qui occupaient les retranchements aux bouches du fleuve. Il n'y avait plus de doute que Mentchikof n'eût pris la résolution d'éviter une seconde bataille en rase campagne ; et par là furent déçues les espérances des Alliés, de pouvoir regagner, sur les bords de la Katcha ou du Belbek, ce qu'ils avaient manqué à l'Alma.

On se vit alors, avec 50,000 hommes seulement, devant les ouvrages de Sébastopol et l'armée de Mentchikoff, et l'on commença tardivement à s'apercevoir que l'on ne s'était pas fait une juste idée des difficultés de l'entreprise, et que les moyens dont on pouvait disposer ne se trouvaient nullement proportionnés au but. En même temps, on ne fut pas tout-à-fait sans craintes pour sa propre sûreté ; car les renforts qui arrivaient aux Russes d'Odessa par Pérékop, devaient, selon toute probabilité, être déjà en chemin. Si l'on tenait à l'opération commencée contre les fortifications du nord, on compromettait les communications par terre avec Eupatoria ; et pendant que l'on dépenserait inutilement, contre les ouvrages ennemis, du temps et des forces, on pouvait être attaqué sur les derrières par une armée russe de secours. Ce furent probablement ces considérations, et non pas les vaisseaux coulés par les Russes à l'entrée du port de Sébastopol, qui déterminèrent Saint-Arnaud et lord Raglan à abandonner leurs opérations contre le côté nord de la place, et à exécuter leur marche de flanc sur Balaklava. En possession des deux ports de Kamiech et de Balaklava, les Alliés avaient leurs derrières libres, et leurs opérations possédaient du moins une base mieux assurée. Il n'est pas étonnant que les deux généraux se soient sentis, en se voyant là, délivrés d'un grand poids, et que, dans leur joie, les Français aient nommé la baie de Kamiech *le Port de la Providence.*

Le mouvement de flanc des Alliés avait merveilleusement réussi. S'ils eussent profité de l'étonnement des ennemis, et s'ils eussent tenté immédiatement une vigoureuse attaque contre le côté de la ville qui n'était que très-faiblement occupé, il leur eût peut-être été possible de s'en emparer avant que les Russes eussent pensé à une défense régulière. Mais, au lieu de cela, ils entreprirent de longues reconnaissances, et s'occupèrent trop de ce qu'ils avaient négligé à l'Alma. Une meilleure reconnaissance de la position des Russes sur l'Alma, les aurait conduits à une plus exacte appréciation des dispositions convenables pour l'attaque. Ici, de trop longues reconnaissances n'aboutirent qu'à de continuelles irrésolutions, qu'à des préparatifs, et enfin qu'au siège en règle, lequel était tout-à-fait en dehors du calcul originaire de l'expédition. Un coup hardi et rapide, lors même qu'il eût coûté de grands et pénibles sacrifices, pouvait seul conduire au but dans les circonstances données ; et si les Alliés n'avaient pas la confiance de pouvoir l'exécuter, il valait mieux pour eux retourner sur leurs vaisseaux : Saint-Arnaud eût peut-être été l'homme propre à cela ; Canrobert et Raglan ne possédaient pas l'énergie nécessaire ; ils considéraient un pareil coup de désespoir comme inconciliable avec leur conscience et la responsabilité qui leur incombait. Mais la campagne d'hiver suivante n'a-t-elle pas coûté infiniment plus d'hommes que n'en aurait exigé, sous la protection de quelques batteries convenablement établies, une tentative d'assaut dans les derniers jours de septembre ?

Enfin, lorsque l'on eut laissé à l'ennemi suffisamment de temps pour terminer les ouvrages de fortification, on se décida à commencer le siège et à ouvrir les tranchées. On commit ici, et au milieu de circonstances beaucoup plus difficiles, la même faute qui empêcha les Russes de prendre Silistrie : on assiégea la forteresse sans pouvoir la cerner ; par quoi, le moral de la garnison, appuyée sur l'armée de secours, resta complètement intact ; et le combat se réduisit à une simple lutte d'artillerie des deux armées, lutte dans laquelle il ne fut pas difficile aux assiégés de déployer, sur les points les plus sérieusement menacés, les forces nécessaires pour déjouer tous les efforts des assiégeants.

A l'époque de l'arrivée des Alliés en Orient, il n'y avait que le côté nord de Sébastopol qui fut assez fortifié pour se trouver à l'abri d'un coup de main tenté par terre. Les fortifications du côté sud ne méritaient même pas ce nom. La ligne de ces dernières commence tout près de la baie du Carénage, entoure le faubourg Karabelnaïa et la pointe méridionale du port Militaire, longe ensuite le côté occidental de la ville, et se termine au fort de la Quarantaine, point nord-est du port de la Quarantaine. Toute cette ligne a presque l'étendue de deux lieues, et sa courbe continuelle n'est indiquée que par un mur crénelé, épais de trois pieds, et renforcé en quelques places par des tours casematées de pierres calcaires. Dès qu'une attaque des Alliés menaçait décidément la Crimée, et principalement après leur débarquement, on chercha à renforcer cette enceinte extrêmement faible, en faisant creuser un fossé devant les murs, aux endroits menacés, et en construisant, devant les tours et les casernes mises en état de défense, encore six bastions en terre, courant de l'est à l'ouest. Trois de ces redoutes se trouvaient à l'est, et trois à l'ouest du port Militaire; en sorte que depuis qu'elles furent achevées, tout le circuit présente une enceinte bastionnée de six fronts prolongés, dont le point d'appui le plus extrême est, au nord-ouest, le fort de la Quarantaine.

Les dispositions des Alliés furent les suivantes : Les Français se divisèrent en deux corps : le corps de siège, sous le commandement de Forey, composé de la troisième et de la quatrième division ; et le corps d'observation, sous les ordres de Bosquet, formé de la première et de la deuxième. Le corps de siège campa dans la première ligne, appuyant son aile gauche sur la baie de Stréletska, et son aile droite sur le ravin qui forme le prolongement du port Militaire. Le corps d'observation prit position derrière la troisième division, sur la route de Balaklava. Les Anglais campèrent entre le ravin du port Militaire, à gauche, et la Tchernaïa, à droite. Les forces mentionnées jusqu'à présent se trouvaient toutes sur le plateau qui, dans la direction du sud-ouest au nord-est, s'étend du monastère de Saint-Georges jusqu'à la Tchernaïa, près d'Inkermann, et forme un arc autour de toute la langue de terre du sud. Une partie des Anglais et les Turcs prirent position sur les rives de la Tchernaïa, jusqu'aux hauteurs de Kamara, pour empêcher toute tentative de secours. C'était là le corps d'observation, pour le soutien duquel, aussitôt qu'il serait attaqué sur la Tchernaïa, le corps Bosquet se tenait prêt. Pour renforcer la position du corps d'observation sur la route de Baktchi-Saraï, les Turcs construisirent, à l'ouest de Kamara, une redoute, à laquelle, plus tard, furent ajoutées trois autres, sur les plis de terrain, au nord et à l'ouest. Les soldats de marine construisirent en arrière quelques batteries, qu'ils établirent sur les collines qui aboutissent immédiatement au côté Est de la ville de Balaklava. Tous ces préparatifs de sûreté étaient assez près d'être achevés, et, jusqu'au 9 octobre, on avait amené au camp assez de matériel de siège, pour que, le soir du même jour, on pût commencer à ouvrir les tranchées. Enfin, le 17 octobre, on avait avancé les travaux de siège suffisamment pour pouvoir commencer le bombardement de la place, de toutes les batteries de la première parallèle à la fois, opération à laquelle la flotte fut invitée à coopérer du côté de la mer. On connaît le résultat de ce premier bombardement : *il fut nul*. Les flottes se retirèrent le soir, avec une perte d'environ cinq cents hommes tués ou blessés, et passablement avariées aux mâts, aux agrès, et même aux flottaisons, sans avoir causé aux Russes d'autre dommage que la destruction de quelques embrasures. L'effet des batteries de terre fut, à la vérité, plus considérable ; mais il n'amena aucune décision, et, durant la nuit, les Russes purent non-seulement réparer leurs ouvrages endommagés, mais encore en élever de nouveaux et de plus forts. Les jours suivants, on continua les travaux ; mais les Alliés eurent à combattre de considérables difficultés de terrain, et, malgré tous les efforts, ne purent avancer que lentement. Les flottes, convaincues de l'impossibilité de réussir dans une attaque du côté de la mer, renoncèrent à toute tentative pareille, et restèrent dès-lors, hors de la portée du canon, tranquilles spectatrices du siège.

VI.

Mentchikof, qui, après la bataille de l'Alma, s'était retiré, avec environ 30,000 hommes, par Sébastopol sur Baktchi-Saraï, et qui y avait pris position sur le flanc de l'armée alliée, reçut, dans l'intervalle, des renforts considérables. La majeure partie de ces renforts, savoir : tout le quatrième corps, vint de l'armée du Danube, où l'intervention de l'Autriche laissait aux Russes le champ entièrement libre. Lorsque l'on réfléchit que ces troupes durent, pour se rendre d'une armée à l'autre, faire plus de 200 lieues, on ne peut s'empêcher de reconnaître la rapidité avec laquelle elles opérèrent ce mouvement; car le 15 octobre, arriva déjà à Simphéropol l'avant-garde de la division Liprandi, et, dès le 23, Mentchikof, qui devait se trouver inquiet de l'approche des tranchées françaises contre le bastion du Mât, à environ 400 pas de distance, put risquer une marche en avant et son établissement sur les hauteurs de la rive gauche de la Tchernaïa, et par là préparer des mouvements offensifs plus considérables, mouvements pour lesquels il n'attendait que l'arrivée du reste du quatrième corps. Le 25 octobre, au matin, une partie de l'armée russe, sous le commandement de Liprandi, passa la Tchernaïa, près de Tchorgoun, s'avançant dans la direction de Kamara, pour de là attaquer et prendre les redoutes élevées et occupées par les Turcs. Cette attaque des Russes réussit complètement. En quelques heures, toutes les redoutes furent en leur pouvoir, et ils purent s'en servir contre les Alliés, et s'établir sur les hauteurs de Kamara et au sud de Balaklava. L'attaque de cavalerie exécutée ce jour-là par les Anglais, une des plus brillantes que l'on ait jamais vues, se termina par l'anéantissement de la plus grande partie de la brigade de cavalerie légère employée à cette charge. Un général français, témoin de ce fait d'armes, mais en même temps de l'imprévoyance, du manque de prudence et de l'omission absolue de toutes les règles les plus communes de la guerre, s'est écrié, dit-on : « C'est très-beau, mais ce n'est pas de cette façon que l'on fait la guerre. » Le général russe Gortchakoff (qu'il ne faut pas confondre avec le commandant en chef sur le Danube), qui, de l'autre côté, assistait à la destruction de la colonne de cavalerie anglaise, disait, le lendemain, mais moins poliment que le général français, à un officier anglais envoyé comme parlementaire dans le camp russe : « La charge que vous avez faite hier était très-belle ; mais, permettez-moi de vous le dire, en même temps très-bête. » — Nous laissons au lecteur le soin de choisir celle des deux observations qui lui conviendra le mieux. Aucune des deux n'est complètement fausse.

C'est ici la place de réfuter un reproche qui, de divers côtés, et nommément dans le Mémoire connu d'un officier général sur la campagne de Crimée, a été adressé aux généraux alliés, touchant leur conduite dans cette journée. — Ils auraient dû, suivant l'opinion de l'auteur de ce Mémoire, après la malheureuse attaque des Anglais, passer rapidement à l'offensive, chasser les Russes des positions qu'ils avaient conquises, et les rejeter de l'autre côté de la Tchernaïa. Nous pensons, nous (et les peines et les durs sacrifices par lesquels a été achetée la victoire d'Inkermann le prouvent pour le mieux), qu'une attaque trop précipitée contre les fortes positions conquises par les Russes le 25, aurait facilement pu mener à une dispersion de forces, qui aurait mis l'armée hors d'état de repousser, dix jours plus tard, l'attaque capitale de l'ennemi. L'économie des forces était justement alors un des principaux devoirs des généraux alliés, et, en conséquence, ils avaient parfaitement raison, partout où la chose n'était pas indispensable, de ne pas hasarder légèrement leurs ressources.

Les jours suivants, arriva le reste des renforts russes, et Mentchikof ordonna alors l'attaque principale contre l'armée assiégeante, attaque qui devait s'exécuter simultanément de quatre côtés, et se terminer par *jeter à la mer l'armée des Alliés*. L'avantage que les Russes avaient obtenu dans l'affaire du 25, était très-considérable. Ils se trouvaient au nombre d'environ 15,000 hommes sur la rive gauche de la Tchernaïa, à une demi-heure seulement de la ligne de retraite des Anglais, et à une lieue à peine du quartier-général anglais. Les Alliés, s'ils ne voulaient pas hasarder leur position devant Sébastopol, n'avaient pas assez de forces pour les chasser du terrain conquis le 25. Les dispositions de Mentchikof pour attaquer les Alliés, s'appuyaient principalement sur ces avantages, acquis avec si peu de peine. Pendant que l'attaque principale contre l'aile droite des Alliés aurait été exécutée de Karabelnaïa et d'Inkermann, et soutenue par une sortie de la garnison contre le flanc gauche de l'armée de siège, on aurait donné au corps de Kamara la tâche de marcher vivement sur la ligne de retraite de l'armée alliée, et d'achever sa défaite aussitôt que celle-ci aurait commencé à plier.

La bataille eut lieu le 5 novembre. La principale force des Russes, protégée par un brouillard épais, surprit les Anglais, les rejeta en arrière, après un vif combat, et s'établit sur le plateau d'Inkermann, du côté droit des Alliés, avant que les Français eussent le temps d'accourir au secours de leurs frères d'armes. Si les Russes, profitant de ce premier avantage, et suffisamment déployés, avaient marché rapidement en avant, l'armée alliée eût été perdue ; car, sur ces entrefaites, le corps de Kamara était aussi descendu des hauteurs, et menaçait, conformément à l'ordre qu'il en avait, de décider le combat. Mais, par bonheur pour les Alliés, les ordres du général Dannenberg, qui dirigeait l'attaque principale, ne furent pas suffisamment compris, ou furent mal exécutés par les commandants subalternes. Les colonnes s'embrouillèrent et s'engorgèrent dans un espace étroit ; elles furent massacrées par les batteries des Alliés, et, avant qu'elles pussent se déployer et avancer convenablement, elles furent attaquées de flanc par la division Bosquet, qui accourut. Après une résistance héroïque, les Russes durent céder, abandonner la position conquise, et opérer leur retraite. En voyant se retirer le gros de l'armée, les deux autres colonnes d'attaque russes s'arrêtèrent aussi, et se replièrent, l'une dans la forteresse, poursuivie par les Français; l'autre, sans être inquiétée, dans son ancienne position près de Kamara. L'armée des Alliés était sauvée ; mais à quel prix ! Elle aurait pu s'écrier avec Pyrrhus : « Encore une semblable victoire, et notre ruine est complète. »

Si les généraux alliés réfléchirent que cette victoire n'avait tenu qu'à un faible fil ; que le prince Mentchikof, à cause de sa force supérieure, avait beaucoup moins qu'eux à regretter ses pertes, et pouvait, dans peu de jours déjà, marcher à une nouvelle attaque contre leurs positions, tandis que les renforts qu'on leur avait promis avaient à peine pris la mer, et même se trouvaient, pour la plus grande partie, dans les tranquilles garnisons de France et d'Angleterre ; s'ils considéraient que l'hiver approchait, et que jusqu'alors on n'avait pas fait les moindres préparatifs pour hiverner en Crimée ; et, si toutefois ils ne désespéraient pas de l'entreprise, mais persistaient au contraire à continuer le siège — on ne sait si l'on doit admirer leur courage, ou déplorer leur manque de vue, supposé que ce dernier leur faisait méconnaître les périls et les conséquences de cette malheureuse expédition, et les grands désavantages qui en résultaient pour le but commun.

Des ordres venus de Londres et de Paris confirmèrent les résolutions des deux généraux. La masse du public, qui ne se faisait nulle idée de la difficulté et de la grandeur de l'entreprise, et qui, de plus, était fortifiée dans son erreur et son aveuglement par le bavardage des feuilles serviles, demandait à hauts cris la prise de la forteresse. Après la bataille d'Inkermann, renoncer au siège et se rembarquer, eût été faire l'aveu que l'on avait entrepris l'expédition sans réflexion et dans un temps inopportun. Pour un pareil aveu, pour une résolution si grave, si difficile, et par l'exécution de laquelle seulement une brave armée pouvait être sauvée des dangers qui la menaçaient, il aurait fallu une grande force morale. Cette force se montra, en effet, chez la troupe, qui, avec la plus grande abnégation d'elle-même, sut obéir aux ordres de ses gouvernements, mais non chez les gouvernements eux-mêmes, qui, pour faire une concession aux cris et aux instances de l'opinion publique, imposèrent à l'armée un but inaccessible et des devoirs impossibles à remplir. Ce qui sauva les Alliés au milieu de telles conjonctures, ce ne fut vraiment ni la prévoyance de leurs gouvernements, ni le talent de leurs généraux, mais seulement et uniquement l'inaction de l'ennemi.

De même qu'il était dans l'intérêt des Alliés d'avoir un peu de repos après la bataille d'Inkermann, de même il devait être dans celui des Russes de ne pas leur accorder ce répit, et de les surprendre le plus tôt possible par un second coup décisif. Quoique les Russes eussent eu, le 5 novembre, de grandes pertes à essuyer, il leur restait encore assez de forces pour porter un semblable coup. Il était impossible que le général russe ne comprît pas qu'aucune époque plus favorable ne se présenterait plus à lui, que précisément celle de l'hiver. Si donc il n'entreprit rien, cela provint d'incapacité ou d'un manque d'énergie ; ou bien, il eut des motifs particuliers, dont l'existence ne peut être attribuée qu'aux nouvelles négociations diplomatiques de Vienne, et aux espérances de paix qui s'y rattachaient. Peut-être reçut-il, de Saint-Pétersbourg, l'ordre de s'abstenir d'attaques ultérieures contre les Alliés, afin de ne pas réduire au désespoir la France et l'Angleterre, et de ne pas convertir la guerre locale et diplomatique que l'on avait faite jusqu'alors, en une lutte générale des peuples et des principes.

Le 6 novembre, le conseil de guerre des Alliés délibéra sur la possibilité d'un assaut. Quelques membres du conseil mirent en avant la démoralisation des Russes et leurs grandes pertes dans la dernière bataille; ils étaient d'avis qu'il fallait profiter du moment, et risquer l'assaut. Mais lord Raglan fut d'opinion contraire, et il déclara que l'état de l'armée alliée ne permettait plus de s'exposer à des pertes qui pourraient être plus considérables encore que celles de la journée précédente. En conséquence, on résolut de suspendre, pour le présent, les opérations du siège, de se mettre, par des fortifications convenablement placées, à l'abri de nouvelles attaques, et d'attendre, dans cette position, l'arrivée des renforts promis.

VII.

C'est ici que commence l'époque des souffrances de l'armée alliée en Crimée. La pointe sud-ouest de la presqu'île de Tauride se transforma peu à peu en un vaste cimetière, dans lequel la France ensevelit une partie considérable de ses forces de guerre, et où l'Angleterre porta au tombeau la renommée de son organisation militaire actuelle. Des malheurs imprévus contribuèrent encore à augmenter la détresse : telle fut la tempête du 14 novembre, pendant laquelle périrent une grande quantité de bâtiments de transport, et entre autres *le Prince*, avec d'énormes approvisionnements et presque tous les vêtements d'hiver destinés à l'armée anglaise. Contre la pluie, la neige et le vent, le soldat n'avait point d'autre abri que sa faible tente ; l'absence de solidité des routes entre le camp et la côte empêchait les approvisionnements réguliers ; et le pénible service de camp et de tranchée emportait chaque jour des centaines d'hommes parmi ces troupes découragées, mal vêtues et affaiblies. Les chiffres suivants sont un témoignage effrayant de cette situation. L'armée anglaise, qui avait débarqué en Crimée au nombre de 26,000 hommes, ne comptait plus que 14,000 combattants après la bataille d'Inkermann ; à la fin de décembre, elle n'en eut plus que 8000, et à la fin de février, 5000, malgré les renforts qu'elle reçut pendant cet intervalle. La cavalerie anglaise éprouva, en chevaux, un déficit des 98 centièmes : de sorte qu'à la fin de février, il ne restait au camp anglais que 80 chevaux, qui même n'étaient employés que comme bêtes de somme. Les Français portèrent peu à peu leurs divisions de quatre à dix, et cependant, jusqu'à la reprise du siège au printemps, ils ne dépassèrent jamais le chiffre de 60,000 hommes. Des 12,000 Turcs qui avaient rallié l'armée, il n'en restait à peine que 5000.

C'est dans cet état que nous voyons l'armée des Alliés jusqu'au mois de mars, époque depuis laquelle, grâce aux efforts respectifs des deux gouvernements, les circonstances commencèrent à s'améliorer. Le général Niel, un des officiers les plus distingués du génie français, fut alors envoyé devant Sébastopol, pour s'entendre avec le général Bizot sur la reprise des travaux du siège. Ils convinrent de pousser plus loin les tranchées. Toutefois, cette opération ne se fit pas sous la protection de batteries, mais sans ouvrir le feu. Il n'est pas étonnant que les Alliés aient éprouvé par cela des pertes sensibles, tandis que les Russes se virent en état d'établir fort tranquillement des contre-approches et de nouvelles fortifications, en partie derrière, en partie devant celles qu'ils possédaient déjà. Au début, les Français attaquèrent la ville, et les Anglais le faubourg du port, dit Karabelnaïa. L'attaque des derniers parut d'abord aux Russes si insignifiante, qu'ils n'y firent presque pas attention. Lorsque la dissolution de l'armée anglaise obligea les Français de se charger aussi de l'attaque sur ce point, il était naturel qu'ils ne rencontrassent là que de faibles ouvrages. Niel s'y laissa tromper, et choisit alors la tour Malakof pour objet principal de son attaque. Mais à peine l'activité des assiégeants, sur ce point, fut-elle remarquée, que les Russes mirent la main à la construction de contre-ouvrages ; et bientôt ils eurent en cet endroit la même force que du côté de la ville. Enfin, l'énergique défense sur tout le côté sud, laissa toujours encore aux Russes assez de force, pour transformer l'isthme du côté nord de la baie (point d'appui de leur armée en rase campagne) en une seconde et immense forteresse, qui, à l'heure qu'il est, commande complètement les fortifications du sud, et enlève aux succès possibles des Alliés une grande partie de leur importance.

Pour faciliter la tâche des Alliés et les débarrasser

d'une partie des forces ennemies, on embarqua, pendant l'hiver, une moitié de l'armée de Roumélie, pour occuper Eupatoria. On ne peut faire aucun reproche à la conduite d'Omer-Pacha, commandant de cette expédition ; il fit d'abord entourer Eupatoria d'une ligne d'ouvrages continus, et s'y défendit contre une attaque des Russes, avant même qu'elle fut achevée. Plus tard, lorsqu'il se sentit un peu plus fort, il fit établir devant cette ligne des redoutes détachées qui rendirent plus difficiles les abords de son enceinte. Lorsqu'enfin sa cavalerie arriva, il repoussa les Russes qui l'observaient avec quelques mille hommes, à une petite lieue, et il établit un camp retranché. Cette marche était méthodique et bonne; mais n'eût-il pas été d'une plus grande utilité pour les Alliés qui se trouvaient en Crimée, d'employer *autre part* ce corps turc, c'est-à-dire dans un endroit où il aurait pu influer plus directement sur la situation des choses? Dans le voisinage du gros de l'armée à Baktchisaraï et des réserves russes à Pérékop, Omer-Pacha ne pouvait songer à s'avancer de ce point sans s'exposer à une défaite certaine. Il fut donc condamné, durant tout l'hiver et tout le printemps, à demeurer tranquillement à Eupatoria, et les Russes jugèrent suffisant de le faire observer par un faible corps de cavalerie. Qu'il en eût été différemment si l'on eût employé ce corps à une expédition contre Kertch, et de là à occuper Kaffa! La presqu'île de Kertch une fois au pouvoir des Alliés, et 30,000 Turcs à Kaffa, comme avant-garde d'une armée plus considérable, qui, plus tard, de là, aurait pu commencer les opérations en rase campagne contre les Russes, ceux-ci se trouvaient sérieusement menacés, et leur attitude en Crimée n'en serait devenue que très-chancelante. Par contre, 30,000 Turcs dans Eupatoria ne changeaient absolument rien à la situation, et c'est à peine s'ils faisaient poids dans la balance. Au camp des Alliés on avait exagéré l'importance stratégique d'Eupatoria. Dans la position actuelle des parties belligérantes en Crimée, une armée ne peut s'avancer de cette place que lorsqu'elle est assez forte pour opérer en même temps contre Pérékop et contre le gros de l'ennemi à Simphéropol et à Baktchisaraï. Un corps d'armée isolé verra toujours, aussi longtemps que le gros des Russes n'aura pas été battu, son activité bornée au service de garnison de la ville et du camp retranché. Les promenades que le corps d'Omer-Pacha a faites dans les derniers temps, d'Eupatoria à Balaklava, de Balaklava à Eupatoria, et toujours de même, jusqu'à ce qu'enfin il ait été incorporé au corps d'observation sur la Tchernaïa, sont la meilleure preuve de la justesse de ce que nous avons avancé.

Les travaux de siège, interrompus pendant l'hiver devant Sébastopol, étaient, au commencement d'avril, assez avancés pour que l'on pût recommencer le bombardement. Le 9 avril, le feu fut ouvert de nouveau par toutes les batteries, et on le continua avec vivacité les jours suivants. Le résultat ne fut ni plus grand ni plus brillant qu'au bombardement en octobre de l'année précédente. Aussitôt que le feu des assiégeants se fut un peu ralenti, les ouvrages russes endommagés furent réparés avec la plus grande activité ; les canons démontés furent remplacés, et la garnison fut moralement soutenue, en se voyant sans cesse relevée par les réserves qui arrivaient. Quinze jours plus tard, le télégraphe annonçait que : *faute de munitions, les Alliés avaient dû diminuer leur feu, et suspendre l'action de plusieurs batteries :* ce qui voulait dire que : *le bombardement restait sans résultats.*

Canrobert, qui, comptant sur ses nombreuses batteries, présentait la perspective d'un succès assuré, tomba alors en disgrâce, et fut remplacé par Pélissier, caractère énergique, dont l'attention se dirigea avant tout sur la tâche de chasser les Russes des logements et contre-approches qu'ils possédaient en avant de l'enceinte, pour rendre possible par cela une décisive et dernière attaque contre n'importe quel front de la place.

Des combats sanglants, meurtriers, ont été livrés pour la possession de ces monceaux de terre, dont plusieurs sont tombés dans les mains des Alliés. En conséquence, ceux-ci s'approchent, à la vérité, de la place, mais avec des sacrifices et des efforts qui ne donnent que trop la mesure de ce qu'ils devront supporter plus tard, lorsqu'il s'agira de conquérir les ouvrages proprement dits. Quant à une défaillance de courage de la part de la garnison, il ne faut pas y penser aussi longtemps qu'elle s'appuie sur une nombreuse et forte armée en rase campagne, et qu'elle est continuellement complétée et renforcée.

Les prochains mois montreront si Pélissier s'acquittera plus heureusement que son prédécesseur de la tâche difficile qui lui est imposée, et répondra aux espérances que l'on rattache généralement à sa nomination.

Nous croyons devoir relever ici quelques assertions erronées de la dernière partie de l'article du *Moniteur*, dont nous nous sommes déjà occupé.

La première condition et une règle incontestable dans toutes les entreprises de guerre, c'est : *de se rendre bien compte du but, et des moyens qu'on a sous la main pour l'atteindre ;* ou plutôt : *de savoir d'avance et d'arrêter ce que l'on veut, et de ne point aspirer à des choses que l'on est hors d'état d'exécuter*. Par l'expédition de Crimée on n'en voulait évidemment qu'aux forces offensives de l'ennemi, qui, cette fois-ci, étaient ses forces maritimes : menace permanente pour la Turquie.

Ces forces se trouvaient cachées derrière les fortifications inaccessibles du port de Sébastopol ; mais elles étaient assez mal préservées du côté de la terre. C'est de ce côté que la flotte russe devait être attaquée, anéantie, ou du moins forcée d'abandonner un abri sûr, et de se mesurer avec les flottes alliées, supérieures en nombre. Il ne pouvait aucunement exister dans une juste conception stratégique, de prendre Sébastopol, et surtout d'en rester maître : les forces insuffisantes de l'armée expéditionnaire, la position et l'étendue immense de la place, et les faibles fortifications du côté de la terre, s'y opposaient. Rapidement attaquer et prendre le fort du nord, s'établir sur les hauteurs de ce côté, bombarder et détruire la flotte russe, jusque dans le coin le plus retiré du port Militaire, et ensuite s'embarquer dans le même endroit où l'on avait pris terre, ou bien aux bouches de la Katcha ; voilà la seule opération raisonnable dans la saison où l'on se trouvait, avec les moyens restreints de l'expédition.

Les deux généraux en chef paraissent avoir partagé, au commencement, l'opinion ci-dessus énoncée ; mais, après la bataille de l'Alma, et la sérieuse résistance qu'ils y rencontrèrent, aussi bien qu'en regard des lenteurs et des retards que l'entreprise avait déjà soufferts, ils changèrent tout à coup d'avis. L'armée alliée marcha de l'Alma sur Balaklava, renonça à attaquer le fort du nord, et chercha à atteindre son but du côté du sud.

Le plan primitif une fois changé, on entra dans la

période où l'on voulut ce que l'on ne pouvait pas : *on résolut de prendre Sébastopol*. Peut-être, comme nous l'avons déjà dit, aurait-on réussi, en ne craignant pas d'énormes sacrifices, à le faire à l'arme blanche, dans les premiers jours après l'arrivée des Alliés devant la ville ; car, en ce moment, les Russes n'y avaient que des retranchements construits à la hâte, et loin d'être à l'abri d'un assaut. Mais les ingénieurs russes surent merveilleusement mettre à profit le temps que les Alliés leur laissèrent. Deux semaines plus tard, l'assaut n'était plus possible, et, par conséquent, il fallut procéder à l'attaque par tranchées.

Le but des tranchées n'est pas assez clairement défini dans l'article du *Moniteur*. Comme la prise d'une place vaillamment défendue doit toujours avoir lieu par l'assaut, si elle n'arrive pas par la famine, le principal but des tranchées est l'approche à couvert et sans pertes des colonnes d'assaut ; et l'on trahit une mince compréhension de la chose, si l'on cherche ce but dans le couronnement du chemin couvert. Ce but ne pouvait nullement être poursuivi dans le cas présent, car il n'existait aucun chemin couvert ; et il en est de même si l'on parle des efforts extraordinaires à faire pour arriver à l'établissement des batteries de brèche, là où il n'y a point d'ouvrages à battre en brèche, mais seulement des ouvrages en terre, que l'on détruit, s'il le faut, par des mines.

Il fallait donc ouvrir les tranchées, et il ne s'agissait plus que de choisir le front d'attaque. Ici encore le *Moniteur* est dans l'erreur; car précisément la partie que les Français choisirent, le bastion du Mât, formant un angle saillant de l'enceinte, était bien choisi dans ce but. Mais on ne s'en tint pas là, et les Anglais choisirent un autre objectif de l'autre côté du port. Si même ce choix eût été avantageux comme attaque simulée, et nommément en présence de moyens de défense bornés, il n'avait cependant ici aucune bonne raison. Telle est la cause principale de l'immense étendue des tranchées, des peines et des sacrifices infiniment augmentés, et des faibles résultats obtenus jusqu'à présent. Si l'on n'eût poussé qu'une seule attaque, les Russes n'auraient pu lui opposer plus d'opiniâtreté; mais, dans ce cas, les fatigues et les pertes des Alliés auraient été beaucoup moindres, et les chances de réussite auraient pu se présenter d'une manière plus favorable.

Le calibre de l'artillerie ennemie ne fut pas la cause pour laquelle on ouvrit les tranchées à 900 mètres, au lieu de 600; car, à ces distances, et contre une terre mollement entassée, le calibre le plus pesant ne produit pas plus d'effet que le calibre moyen de l'artillerie de campagne; il faut plutôt attribuer cette circonstance à la localité et aux carabines Minié de l'ennemi.

La forme de l'attaque par parallèles, et cette attaque elle-même, prouvent combien certains corps techniques se tiennent obstinément cramponnés aux usages surannés. On peut en dire autant relativement aux batteries toujours placées devant les tranchées. C'était, ou jamais, le cas d'employer l'attaque en tenaille, qui procède rapidement, s'adapte plus facilement au terrain, et ne gêne jamais les batteries.

Il faut certainement accorder que les difficultés rencontrées dans les travaux des tranchées, consistaient principalement dans l'irrégularité du terrain, qui ne se composait nullement d'une esplanade aussi unie que devant les fortifications permanentes d'ancien style; et en même temps, qu'une reconnaissance du terrain que l'on avait devant soi, était rendue très-difficile par l'excellence des tireurs. Toutefois, l'expérience aurait pu fournir des moyens pour ne pas devoir exécuter l'attaque, nommément contre le bastion du Mât, sur un sol inconnu.

Au commencement d'avril, à la réouverture du bombardement, les Alliés crurent avoir, à l'aide de leurs très-nombreuses batteries, considérablement affaibli le feu de la place; mais il fut bientôt démontré que ce n'était qu'une illusion, et que la suspension du feu ennemi n'avait été que volontaire. Les canons des Alliés ne peuvent rien endommager dans les ouvrages en terre, qui ne puisse se réparer rapidement, quand le feu cesse ou s'affaiblit.

Lorsque les assiégés virent que, cette fois, ils ne

réduiraient pas au silence les batteries d'attaque, ils retirèrent leurs canons derrière de meilleurs couverts que ne pouvaient leur en offrir les embrasures, et, de cette manière, ils les conservèrent intacts, tandis que les canons et les affûts des assaillants s'abîmaient par le grand nombre des coups tirés. Ainsi donc, en recommençant le dernier bombardement, on aborda une entreprise qui ne put promettre aucun résultat, ou du moins qui n'en présenta qu'un demi, très-lent et incertain. Par l'attaque de Sébastopol, en général, et spécialement en s'y prenant du côté du sud, on s'est engagé dans une affaire qui n'a aucun but stratégique, et qui, dans les circonstances qui en sont survenues, ne présente absolument aucune compensation des sacrifices déjà faits et de ceux qui restent à faire [1].

1. Ecrit le 30 mai.

CHAPITRE IV.

La Situation.

(Juillet 1855.)

I.

Les communications électriques exercent à la vérité une grande influence sur la conduite de la guerre; mais ces communications ne sont pas toujours utiles, non-seulement parce qu'elles informent instantanément l'ennemi de ce qui se passe dans l'autre camp, mais parce qu'elles entretiennent le public dans une illusion continuelle, et dans une excitation fébrile. Qui ne se rappelle les nouvelles électriques qui suivirent la bataille de l'Alma? La crédulité ou le mauvais vouloir d'un employé du télégraphe suffit, par la publication de la fameuse dépêche du Tatar, pour tourner la tête à tout le monde, et pour mettre les gouvernements eux-mêmes dans la plus fausse position. A Londres, on chanta des hymnes de victoire sur la prise de Sébastopol; en France, on organisa des illuminations et des fêtes publiques pour célébrer l'heureux événement. Cette fatale illusion ne contribua pas peu à faire continuer l'entreprise de Crimée, considérée alors déjà comme à demi manquée, afin qu'après cette immense jubilation on laissât du moins aux peuples l'espérance d'un succès ultérieur, et pour ne pas les jeter, par le rembarquement de l'expédition, dans l'extrême contraire, c'est-à-dire dans le plus profond découragement.

Cet abus de la télégraphie continue jusqu'à présent, et a produit encore bien des déceptions amères. Le public, suspendu à de vagues promesses journalières, devint toujours plus impatient, et demanda tumultueusement, surtout après le second bombardement, des batailles et des succès, sans considérer que tous les préparatifs pour une campagne décisive en Crimée n'étaient pas encore faits; que les réserves se rassemblaient encore sur le Bosphore, au camp de Maslak, et que le corps auxiliaire piémontais s'était à peine embarqué. On voulait à tout prix des bulletins de victoire, et Canrobert, qui ne pouvait en envoyer, tomba victime de ces exigences aveugles, et peut-être aussi de la réflexion plus calme avec laquelle il commença enfin à considérer tout le danger de sa position. Pélissier eut plus de bonheur que son prédécesseur: il entreprit la conduite des opérations dans le moment où l'arrivée de renforts suffisants permit de leur donner une extension plus considérable. En outre, il sut mieux que Canrobert orner les rapports de manière à ce qu'ils fussent mieux au goût du public. « Après de sanglants et glorieux combats, nous avons enlevé aux Russes une grande place d'armes, et, de là, nous les avons rejetés dans l'intérieur de la forteresse. » Voilà ce que l'on trouvait dans son premier bulletin ; et quelques jours plus tard il écrivait : « Les lignes de la Tchernaïa sont occupées ; l'ennemi a été contraint de se replier à la hâte sur les montagnes ; nous avons pris les ouvrages, et nous nous y sommes définitivement établis. Les Russes ont perdu 6000 hommes en morts et en blessés. En conséquence, le 26, il n'y a eu aucune démonstration. *Le 27, notre succès a été complet, aussi bien devant la place que sur la Tchernaïa.* Kertch et Iénikalé ont été évacués par l'ennemi ; nous avons fait sauter les magasins, les batteries et les vapeurs qui s'y trouvaient. Nos flottes occupent la mer d'Azof. » Est-il étonnant que la foule, qui avait si longtemps attendu en vain, ait été comme électrisée par de semblables nouvelles, et les ait considérées comme le commencement d'une série d'opérations ultérieures et brillantes, et comme le présage de la prise prochaine de Sébastopol ? On s'abandonna aux mêmes illusions qu'après la bataille de l'Alma, et il ne manquait plus que le baron Hübner ne portât, comme alors, ses félicitations aux Tuileries, au sujet des éclatants succès des armes alliées. Mais, quelques jours plus tard, déjà, les espérances trop hardies furent un peu refroidies par l'arrivée de détails plus précis sur les événements du 22 et du 23 mai, et les esprits judicieux furent ramenés à une appréciation plus exacte. L'affaire du 22 et du 23 mai ne fut plus aucunement, comme Pélissier l'avait annoncé, la prise d'une grande place d'armes, mais celle d'une simple contre-approche des Russes, dont la construction n'avait commencé que la veille. La perte des Russes ne montait point à 6000 hommes, mais seulement à 2500 ; et celle des Français, que l'on mettait tant de soin à dissimuler, s'élevait à mille hommes de plus que celle des Russes. A la vérité, l'ennemi avait abandonné ses ouvrages en cet endroit, et il s'était retiré dans la forteresse ; mais le feu croisé des batteries russes empêchait les Français de s'y établir ; de sorte que l'espace pour la conquête duquel on a versé tant de sang, n'est occupé par aucune des parties belligérantes. Le succès réel des combats du 22 et du 23 mai n'était donc que très-minime, et ne se trouvait aucunement proportionné aux pertes éprouvées.

Les Alliés gagnèrent davantage en occupant, à la même époque, la rive gauche de la Tchernaïa. Mais, comme la position principale de l'armée russe n'est encore nullement menacée de ce point, le succès remporté ici, et annoncé avec tant de pompe, se réduit encore en réalité à la réussite d'une reconnaissance, et à l'acquisition d'un peu plus d'espace pour le campement des troupes.

Ce qui exerce une véritable influence sur les opérations, et ce qui constitue un vrai succès, c'est l'occupation de Kertch et de Iénikalé, et la prise de possession de la mer d'Azof. La perte de cette voie de communications a réduit les Russes à la seule route de Pérékop, par quoi leur position en Crimée est moins favorable, et les approvisionnements de leurs troupes deviendraient assez difficiles en présence d'une campagne plus prolongée. Cette heureuse réussite, achetée au prix d'un petit nombre de blessés, aurait dû être, pour les généraux alliés, une indication que l'issue d'opérations décisives en campagne ne dépend pas toujours des sacrifices que l'on y consacre, mais bien plutôt des bonnes et justes conceptions, et de leur exécution en temps opportun.

Après l'expédition dans la mer d'Azof, était arrivé pour les Alliés le moment le plus favorable de penser à de plus grandes opérations, et, sans interrompre le siège pour cela, de chercher l'ennemi en rase campagne. Leurs forces avaient, vers ce temps, atteint leur point culminant, car, après les pertes énormes qui avaient eu et qui auront lieu par les maladies et par les combats devant la forteresse, il n'était pas à espérer que pendant le cours de la campagne de l'année présente cette hauteur pourrait jamais être dépassée. La force de l'armée alliée montait, à la fin de mai, en Crimée, à 110,000 Français, 30,000 Anglais, 60,000 Turcs et Egyptiens, et 15,000 Piémontais; total: 215,000 hommes, avec 300 pièces de campagne. Vers le même temps, d'après les nouvelles les plus vraisemblables et les plus authentiques, l'armée russe ne montait qu'à 130,000 hommes. Cette proportion entre les deux armées, si favorable pour les Alliés, devait toutefois tourner à leur détriment, à cause des réserves russes qui se rassemblaient à Kherson, Nicolaïef et Pérékop, aussi longtemps qu'ils s'en tiendraient aux stériles opérations qu'ils avaient effectuées jusqu'alors, et laisseraient la plus grande partie de leurs forces languir dans l'inaction.

Au lieu d'opérer en rase campagne, les Alliés préférèrent se borner exclusivement à la continuation du siège, à concentrer toutes leurs forces devant Sébastopol, et à en employer une partie à des assauts continuels contre les ouvrages ennemis, tandis que l'autre partie forme un corps d'opération sur la Tchernaïa.

De leur côté, les Russes tirent de ces dispositions tout le profit possible. Ils font observer les Alliés sur la Tchernaïa, par quelques détachements, tiennent leurs réserves réunies sur le plateau, entre Baktchisaraï et la ferme Makenzie; et, par là, se trouvent en position d'employer, sans obstacle, autant de forces qu'ils l'entendent, à soutenir et à fortifier les objectifs attaqués. Tandis qu'ainsi l'aile droite des Russes se trouve derrière de forts retranchements, en face de l'aile gauche des Alliés; tandis qu'elle possède tous les avantages de la défense, et affaiblit les assiégeants jusqu'à l'extrême, les autres parties des armées demeurent dans une complète inaction.

Il n'est pas difficile de prévoir de quel côté la balance inclinera finalement, si ce combat inégal continue longtemps encore. Par les attaques réitérées des Alliés contre les retranchements des Russes, les forces des premiers diminuent hors de toute proportion avec les pertes de leurs ennemis, et c'est ainsi qu'arrivera le moment où un équilibre entre les deux armées en rase campagne sera établi, et où, même malgré la meilleure volonté, les Alliés perdront toute possibilité de passer à une offensive décisive.

Cette présomption une fois exprimée, jetons maintenant un regard sur les derniers et sanglants événements du 7 et du 18 juin.

Reconnaissant que le but principal du siège était le côté de la Karabelnaïa, les Russes avaient établi, sur les hauteurs, le long du rivage de la grande baie, plusieurs redoutes, pour enfiler de là les travaux d'attaque des Français. Les Français nommèrent ces redoutes les *ouvrages blancs*. Plus loin, au sud, les Russes élevèrent sur le Mamelon Vert un ouvrage un peu plus fort, dont l'éloignement de la tour Malakof est encore de 7 à 800 pas. Après un bombardement très-vif, qui dura deux jours, tous ces ouvrages avancés furent pris d'assaut par les Françaïs, le 7 juin, et cet assaut fut soutenu par une heureuse attaque des Anglais contre les embuscades placées devant le Grand Redan et les batteries adjacentes.

Ceci fut une brillante victoire, qui, quoique achetée par de grands et pénibles sacrifices, fait le plus grand honneur aux armes françaises et anglaises. Mais, pour n'en pas perdre les fruits, il fallait chercher à tirer de la position si chèrement payée l'avantage qu'elle pouvait offrir, et cet avantage n'était aucun autre que la continuation de l'attaque, en partant de ce point, au moyen d'approches. Car on ne pouvait supposer que l'enceinte proprement dite des Russes, à laquelle ils travaillaient depuis huit mois, serait aussi faible et aussi mal défendue que les redoutes et les batteries que l'on venait de prendre d'assaut, lesquelles n'avaient été établies qu'au mois de mars, et qui, sous le feu des batteries des assiégeants, n'avaient jamais pu être complétées. Une marche prudente, mais sûre, aurait donc été beaucoup mieux à sa place ici, qu'une précipitation de l'attaque, une tentative prématurée d'assaut, qui ne pouvait conduire qu'à des pertes énormes.

Malheureusement, on n'usa point de cette prudence, et l'on préféra tenter l'assaut plutôt, que de procéder par la voie plus lente des approches.

Le 18 juin, anniversaire de la bataille de Waterloo, fut fixé pour l'exécution, et l'on s'y prit exactement de la même manière qu'au 7 juin. Du côté des Français, les trois divisions Mayran, Brunet et d'Autemarre attaquèrent; elles étaient suivies de la division de la Garde, comme réserve. La division Mayran prit sa direction à droite, contre les ouvrages russes situés sur la baie du Carénage. La division Brunet devait tourner la tour Malakof à droite, et la division d'Autemarre à gauche, et toutes les deux avaient l'ordre de tout tenter pour s'emparer de cette position importante. Enfin, plus loin, sur la gauche, les Anglais entreprirent l'assaut du Grand Redan et des batteries voisines. Le feu excessivement violent que l'on entretint, toute la journée du 17, contre les ouvrages ennemis, ne rencontra qu'une faible riposte, et il arriva ce que nous prévoyions dans un paragraphe précédent, écrit avant cette catastrophe : les Russes retirèrent leurs canons des embrasures, pour les employer plus tard contre les colonnes d'assaut qui s'avanceraient. Toute l'attaque échoua. Massacrés par le feu de mitraille et de mousqueterie le plus dévastateur, et après une persistance héroïque de plusieurs heures et des pertes immenses, toutes les colonnes d'attaque se virent obligées de se retirer dans leurs tranchées. Tel fut le résultat d'une attaque hâtive et sans égard à la force de résistance de l'ennemi, attaque qui n'eût été excusable que si des circonstances telles qu'un rembarquement prochain ou la position difficile et l'état moral de l'armée l'eussent impérieusement commandée, ce qui n'était aucunement le cas, ainsi que l'a démontré la suite, c'est-à-dire la continuation de l'attaque par le moyen d'approches. Il n'est pas à présumer qu'après cet échec sensible, un assaut de ces ouvrages puisse être répété les jours prochains; et c'est ainsi que toute l'opération de Pélissier, qui, du 20 mai au 20 juin, indépendamment des pertes par maladie, a coûté à l'armée de siège, sur le champ de bataille seulement, 15,000 hommes, n'a conduit à autre chose qu'à la possession de quelques redoutes faibles et isolées, lesquelles ne font presque aucun poids dans la balance. Des prisonniers affirment que les ouvrages importants de Sébastopol n'ont encore éprouvé aucun dommage; et, du camp des Alliés, on voit distinctement que des milliers de bras sont continuellement occupés à renforcer, par de nouvelles fortifications et batteries, les fronts que les Alliés ont entamés, et à les mettre dans le meilleur état de résistance. La défense de ces fronts avait été confiée aux plus résolus et plus braves officiers de l'armée de terre et de la marine, lesquels, suivant toute vraisemblance, sont bien décidés à se maintenir à leur poste, jusqu'à la dernière extrémité. Nous ne voulons point dire par là que l'attaque ne puisse être cependant couronnée d'un succès partiel. Ce succès dépend actuellement des hauteurs qui s'étendent devant la Karabelnaïa, et que couronnent les bastions russes 1, 2 et 3, et de nombreuses batteries. Si une seule de ces hauteurs tombait dans les mains des Alliés, le sort de cette partie de Sébastopol serait décidé. Les bâtiments de l'Amirauté et les casernes ne pourraient offrir aucune résistance, et il faudrait que les assiégés se retirassent dans le fort de Paul, à l'entrée du port Militaire. Mais, que n'en coûtera-t-il pas encore pour y parvenir? Et tout ce que l'on obtiendra par là, sera-ce beaucoup plus qu'un peu de vue sur le port? — L'attaque suivante contre la ville coûtera autant de sacrifices; et avant que l'on en soit maître, les vaisseaux russes trouveront toujours protection dans quelques petites places sûres de la baie. Et finalement, qu'arrivera-t-il encore, si même on est en possession de tout le côté sud de Sébastopol, et que cette partie de la grande place maritime tombe véritablement au pouvoir des Alliés? Cherchons à éclairer cette question, qui est une des plus importantes de toutes.

Deux partis sont à prendre: Se contenter des résultats obtenus et procéder au rembarquement, ou décider la continuation des opérations en Crimée. Dans le premier cas, le but de l'expédition ne serait, à la vérité, qu'à moitié atteint; car, si même on détruisait ou faisait sauter tous les établissements des Russes, leurs arsenaux, leurs docks, leurs chantiers, même la ville et les forts situés de ce côté, la prise de Sébastopol ne serait jamais complète, aussi longtemps que les Russes resteraient maîtres du côté nord de la baie du port. Mais on se demande s'il ne serait pas plus sage de se contenter de ce demi-succès, que de continuer une opération qui exigerait de nouveaux et immenses sacrifices, et qui ne promettrait cependant de conduire à aucune grande solution décisive. — Malgré ces calculs, nous craignons que les Alliés, s'ils réussissent à conquérir le côté sud, ne se décident à continuer les opérations dans la Crimée, pour arriver à la prise des forts du nord. Dans ce cas, s'ils se contentent, après avoir vaincu l'armée ennemie, de prendre une forte position défensive, sur l'Alma, la Katcha, ou le Belbeck, pour couvrir la continuation du siège, ils ne s'exposeront par là à aucun plus grand danger qu'à une perte inutile de temps et aux souffrances de l'hiver, parce que leurs opérations resteront suffisamment assurées et basées. Mais si cela ne leur suffit point, et s'ils descendent à la poursuite de l'ennemi, du terrain montueux et coupé, dans la moitié plate, malsaine et mal peuplée du nord de la presqu'île, ils hasardent de nouveau tout ce qu'ils ont acquis avec tant de peine et de si rudes pertes devant Sébastopol, et ils abandonnent volontairement aux Russes tous les avantages de la situation. La moitié septentrionale de la Crimée n'est point un théâtre de la guerre pour les Alliés. Plus ils s'avanceront vers Pérékop, point de retraite de l'armée russe, plus leur position empirera. Le manque de cavalerie et de moyens de transport suffisants, ainsi que les approvisionnements devenus plus difficiles par un plus grand éloignement de la flotte, seraient plus sensibles chaque jour, tandis que les Russes se trouveraient dans une situation proportionnellement d'autant plus favorable, par la supériorité de leur cavalerie, et par la proximité de leurs réserves, de leurs dépôts et de leurs magasins. Dans les circonstances impérieuses que l'on connaît, la *conquête absolue* de la Crimée ne peut être effectuée que par d'heureuses opérations sur terre ferme. Si les Alliés réussissent à y obtenir de grands et décisifs résultats contre les Russes, et à les repousser dans l'intérieur de leur pays, la Crimée tombera plus tard d'elle-même dans leurs mains, comme un fruit mûr. En conséquence, ce que les Alliés auront de mieux à faire, après avoir atteint, entièrement ou à moitié, leur but devant Sébastopol, c'est de quitter le plus tôt possible ce sol ensanglanté, et de continuer ailleurs leurs opérations, au milieu de circonstances plus favorables et sur des bases plus naturelles.

La situation sur les autres théâtres de la guerre n'est pas beaucoup plus brillante qu'en Crimée.

En Asie, devant Kars, de juillet 1854 à juin 1855, il y a eu armistice de fait, par quoi, dans tous les cas, les Turcs seuls ont perdu, à cause de la pitoyable administration de leur armée. La famine et les épidémies ont certainement enlevé plus d'hommes que n'auraient pu le faire les boulets russes. D'après les dernières nouvelles, Mouravief, estimant enfin l'état de l'armée turque assez déprimé, a pris l'offensive, s'est emparé des points stratégiques les plus importants sur le territoire musulman, et a obligé les Turcs à se renfermer dans Kars, en menaçant en même temps Erzeroum. Par là, tous les pachaliks de la frontière tombent dans les mains des Russes, et leur pression sur l'Asie centrale, et principalement sur la Perse, se fera doublement sentir à partir de ce moment.

On n'apprend rien de Batoum, ni de Redoutkalé, si ce n'est que, malgré tous les renforts qui y ont été envoyés, les Turcs n'y gagnent pas un pouce de terrain, et que les milices géorgiennes suffisent seules pour les tenir en échec. Plus loin, en remontant sur la côte de Circassie, les places volontairement abandonnées par les Russes ont été laissées aux montagnards, qui, après avoir longtemps attendu en vain des directions de la part des Alliés, ont préféré se retirer de nouveau dans leurs montagnes.

Maintenant, si nous détournons nos regards de la côte Est pour les porter sur la côte *occidentale* de la mer Noire, nous y trouvons encore un tableau qui n'est pas propre à nous réjouir. C'est en vain que nous cherchons l'armée turque, que nous cherchons ces braves qui se battirent si vaillamment l'année dernière.— L'acte de dissolution de la dernière armée que la Turquie possédait, de la belle armée du Danube, a été conduit à heureuse fin par ses amis. Une partie de cette armée est à Eupatoria ; une autre partie se trouve sur les rochers de Iénikalé ; un troisième corps aide fidèlement à combler les fossés devant Sébastopol ; 10 à 12,000 hommes, couverts de l'uniforme anglais, composent le corps auxiliaire; le reste, c'est l'armée actuelle du Danube. Elle suffit à peine à pourvoir de garnisons les forteresses du fleuve, et serait bien moins encore en état d'opérer en rase campagne. Qu'en présence de telles circonstances, les Russes dorment paisiblement en Bessarabie, et puissent diriger toute leur attention sur la Crimée, qui voudrait le nier encore?

Toute la guerre d'Orient s'est peu à peu restreinte au siège de Sébastopol, à l'attaque du côté sud de cette forteresse, et finalement à des efforts infructueux contre la tour Malakof, grâce aux remarquables plans d'opérations que les Alliés avaient apportés avec eux sur le théâtre de la guerre.

Après la campagne de Crimée, l'armée des Alliés, affaiblie et éprouvée jusqu'à l'extrême, aura le plus urgent besoin de repos pour se remettre. Il dépendra des vues des généraux alliés, et de leurs plans d'opérations pour l'année prochaine, que l'armée prenne les quartiers d'hiver sur le Bosphore, sur le Danube ou sur tout autre théâtre. En tous cas, la suspension d'armes donnera, aussi bien aux chefs dans le camp des Alliés, qu'à l'opinion publique en Europe, assez de temps pour embrasser dans toute leur étendue les sacrifices et les pertes que la guerre aura coûtés jusque là. Les sacrifices en hommes, depuis le commencement des hostilités, se compteront par centaines de milliers; ceux en argent, par milliards[1]. On reculera avec effroi devant de pareils chiffres ; on maudira cette guerre locale et stérile faite jusqu'à présent, cette politique égoïste qui l'a causée ; et l'on exigera, à haute voix et impétueusement, une guerre dont les résultats soient proportionnés aux sacrifices déjà faits et encore à faire. Si l'on n'aboutit pas à la paix, la conduite diplomatique de la guerre a fini son temps.

1. A ceux qui croiraient que la première de nos évaluations est portée trop haut, nous ferons un petit calcul qu'ils auraient bien de la peine à réfuter.

Perte des Français. . .	80,000	hommes.
» des Anglais. . . .	40,000	»
» des Piémontais. . .	6,000	»
» des Turcs. . . .	120,000	»
Total.	246,000	hommes.

Nous parlons des hommes mis hors de combat jusqu'à l'hiver de 1855 — 1856.

CHAPITRE V.

La vraie guerre contre la Russie.

I.

Dans la grande question de guerre qui émeut le monde en ce moment, la guerre d'Orient n'en est qu'une partie; et l'Orient même ne constitue que le théâtre sur lequel les hostilités ont éclaté en premier lieu. — La question de la guerre dans son ensemble embrasse des sphères bien plus étendues, des intérêts bien plus graves que ceux que l'on a circonscrits avec tant de prudence, dans la vaine formule : le maintien de l'intégrité de la Turquie.

La Russie exerce sa pression sur l'Europe, non-seulement au sud, mais encore au nord et à l'ouest. C'est de cette triple position agressive que sont sorties toutes les questions dans lesquelles cette puissance est impliquée depuis un siècle et demi : la question de la Baltique, la question polonaise, et les différends en Orient. Dans une guerre décisive et faite en vue de véritables et durables garanties, les trois questions ne peuvent pas être séparées. Ce n'est que par leur solution commune que les intérêts du progrès et de la civilisation européenne peuvent être rassurés.

Depuis les malheureuses campagnes de Charles XII et de Napoléon Ier, on s'est habitué à considérer la Russie comme une puissance inattaquable dans son intérieur. On n'a pas eu égard aux causes véritables qui ont fait échouer ces campagnes; on ne les a point examinées de près; on s'en est tenu seulement à leur triste issue. La conséquence en a été que peu à peu l'Europe s'est trouvée frappée d'une lâche crainte relativement au colosse du Nord; crainte qu'ont encore cherché à nourrir les gouvernements qui, pour donner suite à leurs maximes, avaient besoin de cet épouvantail. Plus l'esprit public commença à se remuer et plus grandirent les appréhensions de ces gouvernements pour leur sûreté, plus péniblement et remarquablement l'ombre de la Russie vint planer sur l'Europe occidentale. C'est en évoquant ce fantôme que la France put intervenir en Espagne, l'Autriche en Italie, la Prusse dans les Etats allemands, et la Russie elle-même en Hongrie. Il ne faut donc pas s'étonner si la plus grande reconnaissance fut acquise à l'empire des Tsars pour de si précieux services de la part de tous les gouvernements qui aspirent encore à la puissance absolue, et que leurs instruments se soient donné toute la peine imaginable pour aider à augmenter autant que possible l'opinion de sa force et de sa toute-puissance.

La puissance de la Russie est grande en effet; mais elle ne l'est nullement autant que le proclament ses amis et ses admirateurs. Ce ne sera que, lorsque sous le faux titre de gardienne de l'ordre public et de la sûreté en Europe, elle sera laissée sans obstacle dans son accroissement, dans les préparatifs et l'exécution de ses plans, ce ne sera qu'alors, disons-nous, qu'elle menacera de devenir indomptable et assez forte pour s'emparer de la domination sur l'ancien monde vermoulu. — Telle que nous la voyons aujourd'hui, elle s'appuie principalement sur la volonté absolue et toute-puissante du Tsar; sur l'obéissance aveugle ou forcée du peuple; sur l'idée du Panslavisme, et enfin sur sa nombreuse armée.

La force et l'unité du gouvernement peuvent, en temps de danger, ou dans de grandes guerres de conquête, être un énorme avantage; mais cet avantage s'affaiblit lorsque l'exécution des ordres est confiée à des instruments défectueux et faibles, comme cela arrive si souvent en Russie, faute d'intelligences à la hauteur de leur mission.

Quant à l'obéissance aveugle, forcée ou volontaire du peuple, elle n'a de valeur qu'aussi longtemps que ce peuple reste dans son état barbare, et n'entre pas en plus grand contact avec les idées de la civilisation et du progrès européens. Si, provoqué par les circonstances, cet esprit d'obéissance se transformait en esprit d'examen de sa propre position, il pourrait facilement arriver que cet instrument de création jusqu'à présent si important, devînt, par un contre-coup terrible, aussi promptement un instrument de destruction. Il y a quelques années, le chiffre des esclaves russes montait encore à vingt et un millions. Ces masses de serfs n'ont que peu de propriétés, ou même n'en ont point du tout ; elles se trouvent dans la position la plus misérable, et chaque jour elles soupirent après une amélioration de leur sort. Les serfs forment, pour ainsi dire, une armée à part et neutre au cœur de la Russie ; armée dont dispose celui qui lui offre le plus. Aussi bien que la Russie s'est permis, pour la chute de la Pologne, et, dans les derniers temps, pour celle de la Turquie, d'envoyer ses émissaires dans ces pays, afin d'y semer la discorde et d'y allumer la guerre civile, pour satisfaire ses goûts de conquête ; aussi bien toute armée étrangère pénétrant en Russie est libre d'ébranler par un appel aux esclaves, et, sur d'autres points où l'esclavage n'existe pas, par le même appel aux nationalités opprimées, d'ébranler, disons-nous, l'aveugle obéissance des masses, et d'attaquer à la racine la domination russe.

Un levier plus fort dont la Russie s'est servi souvent dans ses plans de conquête, c'est sa parenté avec les nombreux peuples slaves. L'idée du Panslavisme, ou réunion de tous les peuples slaves en un seul grand et puissant Etat, fut pour la première fois jetée aux populations slaves du sud, lorsque la foi orthodoxe seule devenait un instrument de propagande insuffisant. On voulait, par la perspective d'un si glorieux avenir, leur fermer les yeux sur l'esclavage que la Russie leur présentait de l'autre main. Des poëtes slaves, en partie salariés, en partie aveuglés et de bonne foi, s'enthousiasmèrent dans leurs chants pour la réalisation de cette grande idée; et l'immense empire slave devint tout à coup le rêve et le but le plus élevé de la plupart des populations de cette race. Le désir de la liberté civile fut éteint par là, et à sa place parut le désir de la conquête et de la vengeance. On rappela aux Slaves du nord, qu'autrefois le Wéser et l'Elbe avaient formé la frontière entre les Slaves et les Germains, et que les divisions du premier de ces peuples avaient seules été la cause de sa retraite toujours plus prononcée devant l'élément germain. On expliqua aux Slaves du sud, qu'autrefois ils avaient régné dans la Styrie, la Carinthie, la Carniole, sur les côtes de l'Adriatique, ainsi que sur la Drave et le Danube; et que le joug turc en Bosnie, en Servie et en Bulgarie était une honte pour le nom slave. « La Russie seule peut vous sauver, disait-on; la Russie seule peut vous conduire dans la grande lutte de la vengeance contre l'Allemagne et contre les autres peuples qui vous ont opprimés jusqu'à présent. Tenez-vous fermement à la Russie; avec son aide, le Slave deviendra le maître du monde.»

L'Europe méconnut longtemps la portée de ces machinations, jusqu'à ce que les Slaves eux-mêmes, c'est-à-dire les Slaves libéraux, la lui révélassent, et l'avertissent de la tempête qui menaçait d'éclater sur elle. Mais ces hommes mériteraient notre reconnaissance à un bien plus haut degré, s'ils se fussent bornés à avertir l'Europe, et ne fussent pas tombés dans l'erreur de vouloir opposer à la propagande panslave de la Russie, une autre propagande panslave libérale; par quoi ils ne firent qu'accroître la confusion des notions chez leurs peuples, et, loin de nuire à la Russie, travaillèrent indirectement à lui mettre en mains les moyens de poursuivre son but. Les dangers pour l'Europe consistent précisément dans la soi-disant solidarité d'intérêts de toutes les races slaves, qu'elle soit prêchée par une bouche russe, polonaise ou bohême. Au degré de culture où se trouvent les peuples slaves, cette doctrine ne tend jamais qu'à un seul but: inonder l'ouest de l'Europe, ou allumer d'absurdes combats de races, comme nous l'avons vu, par exemple en Hongrie, en 1848, au profit de l'Autriche et de la Russie[1]. Le plus

1. Quelle confusion d'idées, si ce principe de solidarité trouvait aussi des apôtres chez les races germaines et chez les romanes! Et pourtant, les langues et les intérêts matériels sont infiniment plus rapprochés, par exemple, entre la Hollande et l'Allemagne, qu'entre la plupart des pays slaves.

grand obstacle qui barre le chemin à cette fraternisation slave, c'est la vieille haine entre la Pologne et la Russie, et la différence de religion entre les Slaves de l'ouest et ceux de l'est, dont les premiers appartiennent à l'Eglise catholique romaine, et les derniers à l'Eglise grecque. Avant donc que la Russie puisse mettre la main à l'exécution de son projet, il faudra que mainte chose change encore dans les rapports de cette grande et puissante race.

L'appui principal de la puissance russe reste, dans tous les cas, sa forte et nombreuse armée ; mais cette armée est aussi entachée de défectuosités si nombreuses, qu'elle est inférieure en valeur intrinsèque à la plupart des armées de l'Europe. L'armée russe se laissera, sans bouger, massacrer par la plus foudroyante artillerie ; mais, vu le manque d'intelligence et de sentiment de sa dignité de la part du soldat, elle ne pourra jamais s'élever à cette hauteur d'enthousiasme dont sont capables les armées d'autres pays civilisés, et particulièrement les armées nationales qui combattent pour leurs foyers, pour leur liberté, ou pour une autre grande idée. Telle est aussi la cause pour laquelle, dans la petite guerre et dans des combats moins rangés, les Russes parviennent à si peu de chose ; voilà pourquoi ils cherchent toujours le succès de leurs armes dans les attaques par masses, c'est-à-dire là où se trouve en jeu la totalité, et où les parties diverses ne se voient point réduites à leur initiative. Plus les armes à feu se perfectionnent, plus l'instruction tactique des armées progresse, et plus aussi la faculté de manœuvrer et la rapidité des mouvements l'emportent dans les combats et les batailles sur la force brutale, plus la manière de combattre des Russes reste en arrière des prétentions de la tactique moderne. L'attaque d'Inkermann, cette attaque en profondes et épaisses masses, et les pertes disproportionnées que les Russes y ont essuyées, contre un ennemi trois fois plus faible, est la meilleure preuve de ce que nous venons de dire. En conséquence, les généraux alliés mériteraient un double reproche dans les campagnes prochaines, s'ils ne savaient pas tirer de la supériorité morale de leurs troupes un plus grand profit que jusqu'à présent, et s'ils cherchaient toujours le succès dans des attaques à la baïonnette et dans des combats par masses.

Nous n'avons pas besoin ici de faire mention de la flotte russe. En regard des flottes combinées de la France et de l'Angleterre, elle ne mérite presque aucune attention, et sera toujours forcée de se cacher dans ses ports fortifiés et dans ses refuges.

II.

Après cette courte caractéristique de la puissance russe, nous allons éclairer les vrais moyens de la combattre. Nous nous bornons ici à la moitié occidentale de l'immense empire, parce que ce n'est qu'ici qu'une solution peut être amenée, en regard du degré de civilisation existant, de la population plus nombreuse, et de la position des deux capitales. Les événements des bords de l'Aral ou du Kamtchatka n'ont point d'importance.

L'attaque contre la Russie peut être entreprise du nord-ouest, de l'ouest et du sud, et il en résulte la nécessité de trois différents théâtres de la guerre.

Considérons d'abord le théâtre du sud.

Des notes diplomatiques et des démonstrations armées, par mer et par terre, on en est venu à une guerre sanglante. D'un coup de main tenté contre Sébastopol, on en est arrivé à une lutte à mort entre les plus belles et les plus braves armées du monde ; et de cette infructueuse effusion de sang, pour la possession d'un monceau de ruines, résultera, selon toute vraisemblance, la guerre générale, la lutte décisive, et, par conséquent, l'invasion dans l'intérieur de la Russie. Dans ce cas, il est avant tout nécessaire de mettre un terme à une entreprise qui coûte des milliers et des milliers de victimes, et qui, lors même qu'elle aboutirait de la manière la plus brillante pour l'honneur des armes, ne ferait toujours que renvoyer la véritable solution au lieu de l'amener. Plus les Alliés séjournent en Crimée, plus ils y mettent de forces en jeu, plus ils s'affaiblissent, et moins ils seront, plus tard, en état de paraître avec des forces suffisantes là où seulement le nœud de la guerre peut être tranché. Nous avons assez parlé de l'expédition de Crimée, et nous nous bornons ici à répéter que, dans tous les cas, le devoir capital des Alliés est de la terminer bientôt. Nous ne pouvons entrer en discussion sur les mesures qui seraient nécessaires pour cela, parce que la situation de l'armée assiégeante peut changer chaque jour, et que les dispositions pour le rembarquement ou pour la continuation des opérations doivent être prises d'après les circonstances et le moment, sur les lieux mêmes, si elles doivent répondre à leur but et avoir de la valeur. Nous croyons devoir faire la seule observation : qu'il est trop tard pour une campagne entreprise d'Eupatoria, telle que de beaucoup de côtés on la juge et on la conseille.

Il y a deux mois, lorsque les Alliés étaient encore plus forts, et que les réserves russes n'étaient pas arrivées en nombre si considérable à Pérékop, cette opération aurait pu conduire à de grands résultats. Maintenant, avec la diminution journalière des forces alliées devant Sébastopol, et l'entassement proportionnel des réserves russes à Pérékop et à Kherson, cette opération ne conduirait qu'inutilement à de grands dangers. A la vérité, on trouverait à Eupatoria une place d'armes sûre et couvrant le débarquement ; on pourrait bien aussi y transporter d'avance des approvisionnements suffisants pour que l'armée, une fois débarquée et réunie, se mît aussitôt en mouvement ; mais les désavantages sont faciles à reconnaître. Si l'armée se tournait contre Simphéropol, il faudrait qu'elle s'avançât sur un terrain ouvert, en grande partie plat ; et si elle prenait l'autre chemin, le long de la côte, il lui faudrait forcer les lignes bien fortifiées de l'Alma, de la Katcha et du Belbek. Dans le premier cas, les Russes tireraient de la supériorité de leur cavalerie des avantages décisifs ; dans le dernier, ils gagneraient le temps de se mettre en position de déjouer l'attaque principale des Alliés. Dans les deux cas, les flancs et les derrières de l'armée en marche seraient menacés, et ses opérations manqueraient de toute base. Au lieu de s'avancer concentriquement, il faudrait que les Alliés divisassent leurs forces, et opérassent simultanément dans deux directions opposées : sur Pérékop et sur Simphéropol. Il se joindrait à cela la circonstance que le télégraphe mettrait les Russes en connaissance du dessein des Alliés, quinze jours ou trois semaines avant le commencement de l'opération[1].

1. Si la fin de l'expédition ne pouvait avoir lieu sans une opération préalable contre l'armée russe, en rase campagne, ce qu'il y aurait de mieux pour cela, serait de profiter des résul-

Toutefois, pour ne pas laisser les Russes complètement en repos dans la Crimée, un corps turco-tatar, après s'être emparé de Kaffa avec l'aide des Alliés, peut occuper l'ennemi, en s'appuyant sur ce point et sur la presqu'île de Kertch. L'attaque ultérieure contre la Russie méridionale devrait alors se faire simultanément du côté du Danube et de celui de l'Asie, et les opérations sur ces deux théâtres de la guerre devraient se soutenir mutuellement, et être combinées de manière à produire un effet sur la marche de l'ensemble.

Les derniers succès des Alliés dans la mer d'Azof et sur la côte orientale de la mer Noire, l'évacuation d'Anapa par les Russes, et leur retraite jusqu'au Kouban, mettent les armées coalisées en état de donner à la guerre dans ces pays une tournure extrêmement favorable, malgré les divers retards dont elles ont commis la faute jusqu'à présent. L'établissement de plusieurs places d'armes, la formation d'un corps auxiliaire circassien, la fédération de toutes les tribus montagnardes : telle doit être leur première tâche dans ces régions. C'est alors seulement qu'on s'avancerait sur le Kouban, et que

tats obtenus récemment dans la presqu'île de Kertch, en prenant la ligne Arabat-Kaffa comme base d'opérations, et en s'avançant de là sur Simphéropol par Karasou-Bazar. Aussi pourrait-on exécuter à présent ce qui, il y a un an, n'aurait pas été opportun d'entreprendre.

l'on menacerait la route militaire qui traverse le Caucase. Simultanément avec cette opération, il faudrait qu'un corps assez nombreux entreprît, de Soukoum-Kalé et de Redout-Kalé, la conquête de toute la vallée du Rion, pour se joindre ensuite à l'armée turque d'Anatolie, marcher sur Tiflis, et porter le coup mortel à la domination russe dans le Caucase. Il va sans dire que pour cela il faudrait avoir égard aux dispositions morales des Géorgiens, à leur situation comme chrétiens au milieu d'une population musulmane, et à leur future indépendance nationale; les protéger contre les mauvais traitements des montagnards et des Turcs, et empêcher des scènes de dévastation du genre de celles qui se sont passées tout dernièrement à Kertch et en d'autres lieux. Une puissante invasion dans la Russie méridionale, jusqu'au Don et au Volga, serait la suite immédiate d'une heureuse campagne dans le Caucase.

Sur le Danube, les chances en faveur des Alliés sont moindres que dans le Caucase; mais, moyennant une juste appréciation des circonstances, elles sont toujours assez bonnes pour que, cette année encore, on puisse faire un pas en avant. L'avantage qu'ils ont ici est la dislocation de l'armée russe sur tout le long espace qui s'étend de Reni et d'Ismaël en Bessarabie, jusqu'à Sébastopol et Kaffa en Crimée. Tandis que, depuis le moment où ils commenceraient à se rembarquer, les Alliés pourraient réunir, en quinze jours environ, la plus grande partie de leurs forces sur le Danube, pour prendre l'offensive en Bessarabie ; les Russes, malgré les nombreux moyens de transport dont ils disposent, seraient à peine en état, avant six semaines, de paraître entre le Dniester et le Pruth, avec des forces suffisantes pour détourner cette attaque. En conséquence, il est au pouvoir des Alliés, avant que les Russes soient capables de les en empêcher, d'entrer en Bessarabie ; de faire tomber les forteresses du pays ; de battre les détachements russes qui s'y trouvent isolés ; d'organiser sur le bas Danube et le Pruth leur base d'opérations ; là-dessus, de s'avancer jusqu'au Dniester, et de s'assurer des routes qui conduisent dans l'intérieur.

L'armée revenue de Crimée, réunie à l'armée turque du Danube, et renforcée par la levée des Valaques, se verrait, sans grands efforts, en état de maintenir assez longtemps sa conquête rapidement accomplie. Mais sa position deviendrait cependant critique, peut-être intenable, si l'on ne prenait, pour la campagne prochaine, des mesures pour occuper aussi les Russes à leur frontière de l'ouest et du nord-ouest. Des six corps de l'armée russe, quatre corps (le 3e, le 4e, le 5e et le 6e), avec tout le corps des dragons, une partie du corps des grenadiers, plusieurs brigades de la réserve, et de nombreux régiments de

Cosaques, se trouvent sur le théâtre de la guerre du sud [1]. Cette force, défalcation faite de toutes les pertes estimées au plus bas, monte toujours encore à 200,000 hommes. Si, comme jusqu'à présent, les autres frontières de la Russie ne sont pas menacées, un des autres corps, le reste du corps des grenadiers, une partie des gardes, avec de nouvelles réserves suffisantes ou des troupes de remplacement, pourraient encore s'avancer sur le Dniester ; par quoi la force de l'armée russe, sur ce théâtre de la guerre, s'élèverait certainement à 300,000 hommes, et peut-être au-delà. Malgré toute persévérance, et la meilleure conduite de guerre, il ne serait pas facile aux Alliés d'obtenir de grands succès contre cette supériorité numérique; et, comme en Crimée, mais seulement en d'autres circonstances, on se battrait sans fruit pour quelques morceaux de terrain, pour une ligne de défense ou une autre, on essuyerait de nouvelles et énormes pertes, pour parvenir, aussi peu qu'en Crimée, à quelque chose de décisif ; et à la fin de la campagne, pour plus grande sûreté, et afin d'accorder quelque repos à l'armée, on se verrait probablement forcé de repasser le Danube.

1. Nous ne comptons point ici l'armée du Caucase.

III.

Si les efforts que les Alliés ont faits et feront encore en Orient, doivent conduire à des résultats véritables et grands ; si en s'avançant, du Danube et du Pruth, par la Bessarabie, on doit repousser les Russes jusqu'au Dniéper, et tendre la main aux Polonais, il est inévitablement nécessaire qu'on entreprenne en même temps une campagne des côtes de la Baltique, pour contraindre les Russes à diviser leurs forces. Nous reviendrons plus tard sur ce qui dépend, en outre, de l'attitude de l'Autriche.

Une attaque contre la Russie, en partant des pays de la Baltique, offre des chances d'autant plus favorables, que la Suède pourra être engagée à y coopérer. L'armée suédoise est excellente, et commandée par des officiers capables et intelligents. Avec un peu d'efforts seulement, la Suède et la Norwége peuvent, avec 60 ou 80,000 hommes, se joindre à la ligue contre la Russie. Quoiqu'une vieille haine nationale fasse les Suédois ennemis irréconciliables des Russes ; quoiqu'ils aient encore à régler maint ancien compte avec leur voisin moscovite ; quoique, en présence des sympathies qui règnent pour eux en Finlande et dans les provinces allemandes de la Baltique, ils puissent compter partout sur des alliés sûrs ; enfin, quoique tout le golfe de Finlande, et même la place sur laquelle se trouve actuellement la capitale de la Russie, aient été autrefois volées à la Suède, le gouvernement suédois ne se décidera cependant jamais à une coalition avec les Alliés, et le peuple suédois ne forcera non plus jamais son gouvernement à faire une semblable démarche, tant que les Alliés ne publieront pas ouvertement leurs plans contre la Russie, tant qu'ils ne déclareront pas sans détours, qu'ils ne visent pas seulement à une humiliation, à un semblant de guerre, mais à un véritable amoindrissement de la puissance russe. Car ce ne sera que lorsque la Suède se verra assurée de ne pas demeurer, après la guerre, isolée et abandonnée à la vengeance des Russes; ce ne sera qu'alors qu'elle pourra prendre part à cette guerre; un regard sur sa position géographique et sur les conditions de son existence, suffit pour le démontrer.

Les maigres lauriers de la dernière et de la présente campagne, suffisent à prouver combien peu la puissante *Armada* des Alliés est en état de faire par elle-même, dans la Baltique. En présence de la circonstance que dorénavant aussi la flotte russe ne se hasardera point hors de ses ports, il est à craindre que les succès futurs ne soient pas plus brillants que ceux que l'on a remportés jusqu'aujourd'hui, et ne se bornent, tout au plus, au bombardement de quelques places fortes, dont les dégâts seront réparés pendant l'hiver. Dans une attaque contre le nord-ouest de la Russie, il ne resterait donc à la flotte aucune autre tâche que celle de sa sœur dans la mer Noire : c'est-à-dire, de porter en lieu et place les troupes de débarquement ; d'en protéger la mise à terre ; de faciliter l'établissement sur les points gagnés, et d'empêcher les sorties des flottes russes.

Admettons maintenant que 100,000 Anglais et Français, réunis à 60,000 Suédois, eussent à faire une expédition sur les côtes de la Baltique, il faut se demander quelle serait la direction la plus utile que l'on pourrrait donner à cette opération. Comme les côtes de la Baltique sont tout aussi, si ce n'est plus, difficiles à défendre que celles de la mer Noire, les Russes préféreraient probablement, au lieu de disperser leurs forces sur tout l'espace du littoral, occuper seulement leurs forteresses maritimes, et prendre plus loin, dans l'intérieur du pays, leur véritable position de défense.

Déduction faite des troupes qui occupent le théâtre de la guerre du sud, et de celles qui sont nécessaires en Pologne, dans les capitales, et sur les autres points de l'empire, les Russes ne pourraient que difficilement disposer, sur tout ce territoire, de plus de 120 à 150,000 hommes (le corps de la garde, une partie du corps des grenadiers, des parties du premier ou du deuxième corps d'armée, la division de Finlande, et quelques brigades de réserve). Si les Alliés se présentaient avec la force considérable que nous avons indiquée, ce serait une faute que de vouloir occuper simultanément la Finlande et les provinces de la Baltique, parce qu'ils s'affaibliraient par là, et ne pourraient paraître en nombre suffisamment supérieur sur aucun de ces deux théâtres de la guerre. Si le coup doit être efficace, il faut le porter, avec toute la force, sur un seul des deux points. Mais une campagne en Finlande, avec toutes les forces, ne se justifierait que si l'on renonçait à soulever la Pologne, et que l'on voulût se contenter de conquérir Helsingfors et de menacer Saint-Pétersbourg. Ce serait une erreur stratégique d'autant plus déplorable, que la Russie, délivrée par là de tout souci à l'égard de la Pologne, se verrait mise dans la position avantageuse de pouvoir s'opposer aux Alliés avec toute la force défensive qu'elle possède dans le nord; tandis que, par l'entrée rapide de l'hiver, l'armée coalisée courrait risque d'être trop tôt séparée de sa flotte, et de se voir réduite à elle seule.

Au contraire, le débarquement dans les provinces de la Baltique présente des avantages considérables, et ne pourrait pas être plus empêché que le progrès ultérieur. Car la plus grande partie de ces provinces, grâce à des golfes et des baies profondes, tels que ceux de Finlande, de Riga, etc., est continuellement menacée par la nombreuse flotte dont les assaillants disposent, et par conséquent une défense très-près des côtes n'y est pas possible. L'armée, une fois débarquée, devrait s'avancer sur Rével, pour procurer à la flotte, par la prise de cette place, un port sûr qui lui fît dominer le golfe de Finlande, et pour inquiéter les Russes au sujet de leur capitale. Après cela, les Alliés pourraient diriger leur attention sur Riga et l'embouchure de la Duna. La prise de Riga serait d'une importance particulière : les Alliés entreraient par là en possession de la route de la Pologne, pourraient s'avancer rapidement sur la Lithuanie, prendre Vilna et opérer le soulèvement des Polonais. Si, contre une telle attaque, les Russes ne prenaient pas la précaution d'établir leur défense plus en arrière ; s'ils prenaient, en détachements isolés, position trop près de la côte, les Alliés seraient, dès le commencement de la campagne, en état de remporter sur eux de notables avantages, circonstance qui exercerait une grande influence sur toute la marche des opérations.

IV.

Nous parlons du soulèvement de la Pologne, parce que par la conquête et l'occupation des provinces de la Baltique, on ne gagnerait encore absolument rien, si la Pologne n'était pas insurgée en même temps, et si, dans le programme de guerre des Alliés, ne se trouvait pas exprimé et fixé le rétablissement de cet Etat autrefois si puissant, comme forte barrière contre la Russie. Si cela n'arrivait pas, les

Russes se remettraient bientôt de leur première frayeur, et pourraient rassembler des forces supérieures qui tiendraient de nouveau les Alliés en échec, et contre-balanceraient leurs premiers succès.

Dans les derniers temps, on a beaucoup et diversément écrit sur le rétablissement de la Pologne, et ce sont principalement les Polonais eux-mêmes qui ont combattu avec zèle pour leur cause, et qui ont rappelé aux peuples et aux gouvernements le devoir de réparer, par une résolution généreuse, le crime commis à leur égard, au détriment des intérêts de l'Europe.

« Sans la Pologne, il n'y a point de sûreté pour l'Europe contre la Russie ; » telle est la conclusion qui trouve chaque jour plus d'écho dans le monde civilisé, et qui, si la guerre se prolonge, deviendra l'opinion universelle, malgré les protestations du ministère anglais et des journalistes français. On reproche à la Pologne, et non sans injustice, d'être elle-même, pour une part, la cause de sa chute ; on dit que sans les partis et les déchirements sanglants qui ont eu lieu dans son intérieur, elle ne fût jamais si facilement devenue la proie de ses voisins. Mais où donc se trouve le pays dont l'histoire ne renferme pas autant de pages tristes et sanglantes? En France, les guerres de religion, la Saint-Barthélemy, la funeste période de la Régence et de Louis XV ; en Allemagne, la guerre de Trente ans ; en Espagne, le déclin sous les derniers Habsbourg et les Bourbons qui leur succédèrent; enfin, en Angleterre même, l'époque de la révolution; toutes ces situations, tous ces événements ne se trouvent-ils pas sur la même ligne que les guerres civiles de la Pologne peu avant sa chute? Et tous ces pays (peut-être à l'exception de l'Espagne), ne se sont-ils pas rapidement guéris de leurs blessures, et ne se sont-ils pas élevés à un degré de prospérité beaucoup supérieure à celle qui avait précédé? Faut-il que les Polonais expient indéfiniment les fautes de leurs pères? N'ont-ils pas le même droit, la même sève nationale, que tous ces autres peuples, pour se développer librement d'eux-mêmes, et reprendre le travail de leur régénération? C'est en vain que l'on se donne la peine d'avancer des prétextes et des sophismes, pour excuser ou représenter comme prescrit le meurtre commis à l'égard de la Pologne. Quoi que puissent écrire des plumes vénales, la Pologne a la prétention et le droit d'exister, aussi bien que tout autre Etat de l'Europe, grand ou petit, depuis l'Angleterre jusqu'à Hesse-Hombourg et Saint-Marin, ces derniers si convenablement placés dans la hiérarchie des Etats européens; et quelque mal que ses oppresseurs puissent se donner pour la rayer de la liste des peuples et pour l'envelopper dans l'oubli, si l'Etat polonais a cessé d'exister, la nation polonaise subsiste encore, aussi nombreuse qu'auparavant. Elle nourrit sans relâche le vœu ardent de reprendre son droit et de rétablir sa patrie.

Lorsque, peu de temps avant le premier partage de la Pologne, Jean-Jacques Rousseau fut consulté par un des plus nobles Polonais, il répondit entre autres : « Vous n'empêcherez pas qu'ils ne vous avalent; prenez soin qu'ils ne puissent vous digérer. » Ce conseil, les Polonais l'ont compris, suivi et accompli avec une persévérance bien rare chez les malheureuses nations qui ont un sort pareil. Plus de quatre-vingts années se sont maintenant écoulées depuis le premier partage de la Pologne. Ce premier partage fut suivi d'un deuxième et d'un troisième, de l'incorporation à la Russie du grand-duché de Varsovie; de la dernière lutte d'indépendance, en 1830 et 1831, et de sa malheureuse issue; et finalement, de la disparition de la république de Cracovie. Mais, malgré ces terribles infortunes, les Polonais ne cessent point de tenir fermement à leur nationalité, et à tout ce qui sert de ligne de démarcation entre eux et leurs oppresseurs.

Après 1831, on fit les plus grands efforts pour rendre la Pologne entièrement inoffensive, et lui enlever le dernier reste de priviléges et d'institutions nationales. On décréta la transition successive de la législation polonaise à celle de la Russie, et l'on fit de même pour l'administration. On crut, à Saint-Pétersbourg, pouvoir de cette manière opérer avec le plus de sûreté l'œuvre de la fusion entre les deux pays. Mais les oppresseurs de la Pologne ont mal calculé; on avait pu priver la Pologne de son existence politique, la déchirer et la morceler; mais on ne peut rendre la nation ni russe ni allemande. Sans une forte garnison, la Pologne serait perdue pour la Russie; et la haine contre les oppresseurs s'est tellement accrue en proportion de la durée de l'oppression, qu'aujourd'hui une attaque venant de l'ouest ou du nord-ouest contre la Russie, trouverait un bien plus grand appui que cela n'a été le cas dans d'autres circonstances, et nommément en 1812.

Les deux plus grands capitaines de leur temps, Charles XII et Napoléon Ier, ont suffisamment prouvé l'importance de la participation de la Pologne, et même l'impossibilité de s'en passer, dans toute grande guerre décisive contre la Russie. Lorsque Charles XII reconnut l'accroissement de la puissance russe, accroissement plein de menaces pour la Suède; lorsque son regard pénétrant eut prévu la domination exclusive de la Russie dans toutes les contrées où la Suède commandait précédemment, il dirigea son attention spéciale sur le renforcement de la Pologne, comme sur la plus solide barrière contre les envahissements des Moscovites. En conséquence, il chassa le roi Charles-Auguste de Saxe, qui était étroitement uni avec la Russie et l'Autriche, le força à abdiquer, et travailla à ce que les Polonais fissent choix d'un nouveau souverain, choix qui tomba, comme on le sait, sur Stanislas Leczinski. Malheureusement, les Polonais méconnurent alors les décisions à vaste portée et les desseins du vaillant roi de Suède, et ils ne prirent point part à sa lutte contre la Russie.

Si Charles XII ne se fût pas laissé tromper par ces dispositions défavorables, mais momentanées, des Polonais, et par les troubles qui éclatèrent dans leur pays, ceux-ci fussent certainement revenus bientôt à des vues plus justes et à une plus claire connaissance des dangers qui les menaçaient spécialement; et alors, sans doute, ils eussent mis fin à leurs discordes intestines. Mais Charles XII perdit patience, et, avant d'avoir achevé la pacification de la Pologne, il marcha seul contre la Russie; son destin fut décidé par là. Il perdit la bataille de Poltava, et pour jamais son bonheur à la guerre.

L'issue de la campagne de 1812, entreprise par Napoléon Ier, démontra encore plus clairement qu'au temps de Charles de Suède, combien peu l'on pouvait réussir dans une grande guerre contre la Russie, sans la coopération de la Pologne. Comme Charles XII, Napoléon avait reconnu les dangers qui menaçaient l'Europe du côté de la Russie; lui aussi avait acquis la conviction, que la civilisation anticipée de la nation russe « ne changeait pas sa tendance naturelle à la conquête, mais que seulement elle en doublait l'impulsion, mettant au service de la force brutale et des convoitises d'un climat indigent, les arts perfectionnés de la guerre et les instruments de victoire que donne la science. » Napoléon, qui avait eu l'occasion d'observer les Russes sur tant de champs de bataille, comprit qu'il fallait que l'Europe se hâtât, avant que cette éducation d'un adversaire menaçant fût terminée.

Il résolut donc de détourner une fois pour toutes l'invasion menaçante des Barbares, ou du moins de la retarder de quelques siècles, et « profitant de l'énergie surabondante créée par 1789, de vaincre les peuples septentrionaux par le peuple des nations du Midi. »

« N'est-ce pas ainsi qu'il y a dix-huit siècles, Marius, ce rude contemporain d'une civilisation avancée, ce paysan d'Arpinum, élevé par la guerre au-dessus du patriciat romain, avec ses recrues de prolétaires du Latium, avec ses vétérans brûlés au soleil d'Afrique, écrasa deux fois les armées du Nord près d'Aix et de Verceil, et ajourna de trois siècles l'invasion des peuplades gothiques [1]? »

Telles étaient les paroles de Napoléon dans une conversation familière avec un de ses généraux [2]. Mais comme celui-ci faisait remarquer qu'il fallait commencer par le rétablissement de la Pologne, l'empereur répondit : « J'y ai bien songé ; je veux dans la

1. M. Villemain, *Souvenirs contemporains*, chapitre XIV.

2. Narbonne.

Pologne un camp et pas de forum. Nous aurons cependant un bout de diète, à l'appui des levées à faire dans le grand-duché de Varsovie. Je ferai à Alexandre la guerre à armes courtoises, avec deux mille bouches à feu et cinq cent mille soldats, sans insurrection.

» Je lui enlèverai Moscou ; je le rejetterai en Asie. Mais je ne souffrirai pas un club à Varsovie, ni à Cracovie, ni ailleurs.

» Toute la question est là. Exciter en Pologne la fibre nationale, sans réveiller la fibre libérale, et pour cela passer vite, aller loin, entraîner toute la masse virile, la pousser vers le Nord, frapper devant soi à la tête et au cœur, et du même coup étourdir par la rapidité les ennemis et les auxiliaires. »

Voilà les vues qui dirigeaient Napoléon dans sa campagne de Russie. Il avait reconnu la nécessité d'entraîner avec lui les forces de la Pologne ; mais il ne voulait pas entendre parler d'un rétablissement de ce royaume, comme si l'une de ces choses eût été possible sans l'autre ; la formation d'une grande armée polonaise, sans celle d'un grand Etat polonais. Cette contradiction entre la nécessité reconnue d'une mesure et la manière de l'exécuter, s'explique par les liens de parenté qui existaient entre l'empereur et la maison d'Autriche, et par son antipathie contre tout mouvement populaire ; elle fut la cause qu'au lieu d'arrêter sa campagne sur les frontières de la vieille Pologne, il se laissa attirer jusqu'à Moscou par l'ombre insaisissable de l'armée russe.

Si Napoléon n'eût pas commis l'erreur de vouloir anéantir d'un seul coup la Russie; si, dans la grande lutte qu'il entreprenait, il se fût borné, pour première campagne, à rétablir la puissance de la Pologne et à la fortifier jusqu'aux extrêmes confins de l'ancien royaume, l'année suivante il aurait pu, sans inquiétude, prendre Moscou, et ensuite, avec l'aide de la Turquie, toute la Russie méridionale, sans s'exposer à une catastrophe. Mais ce manque de générosité envers les Polonais le conduisit à des fautes irréparables, fautes qui furent la cause de sa fin tragique. Dans le fait, et conformément à sa promesse, il ne faisait qu'une guerre « à armes courtoises » à la Russie, avec 2000 bouches à feu et 500,000 hommes; mais avec cette force énorme, il pénétra si rapidement dans l'intérieur de la Russie, il songea si peu à la Pologne et à la création d'une puissante armée polonaise sur ses derrières, qui par elle seule aurait pu plus tard mettre un terme à la poursuite des Russes, que, bientôt après, les derniers débris de son armée anéantie traversèrent de nouveau la Pologne sans trève ni repos, avec la même rapidité que lors de leur arrivée.

Puissent les gouvernements actuels qui, comme Charles XII et Napoléon Ier, effrayés des envahissements de la Russie, ont pris les armes pour sauvegarder la civilisation et le progrès de l'Europe, et établir sur des bases solides la paix future du monde; puissent ces gouvernements tirer un enseignement du passé, et ne pas repousser timidement un des moyens les plus sûrs de les rapprocher de leur grand but!

Charles XII avait reconnu la nécessité d'une participation de la Pologne à sa lutte contre la Russie; il y avait invité les Polonais, en leur garantissant leur liberté, leur indépendance nationale; mais les Polonais manquèrent le moment favorable. Charles XII succomba dans une lutte inégale, et, soixante ans plus tard, eut lieu le premier partage de la Pologne. Napoléon aussi reconnut l'importance de l'aide des Polonais, et, à cette époque, toute la nation polonaise s'y déclara prête; mais Napoléon préféra ne faire du pays qu'un camp, qu'une étape dans sa marche contre la Russie, et il resta bien loin de l'idée de l'élever au rang d'Etat libre, grand et puissant. La Russie vainquit de nouveau, et les conséquences furent la chute de Napoléon. Dans la guerre actuelle, on commence enfin à reconnaître aussi que, pour réduire la Russie, les forces de la Pologne et le soulèvement de ce pays sont absolument nécessaires. Mais la peur de toute lutte de principes ou de nationalités est si grande aujourd'hui que, bien loin de montrer la grandeur d'âme de Charles XII, ou seulement de suivre les demi-mesures de Napoléon Ier, on n'ose même pas s'exprimer hautement à cet égard. Les prières des Polonais d'être admis à participer à a lutte, sont repoussées, et tout ce qu'on leur accorde est de servir comme Cosaques turcs, s'ils veuent combattre dans l'intérêt des Alliés. On répond aux propositions que font les Polonais de former des légions distinctes, en leur donnant à entendre qu'il ne s'agit nullement de la Pologne, mais exclusivement de la Turquie. Enfin, des membres du Parlement anglais et des journalistes français font assaut pour honnir la Pologne, et, en général, les nationalités opprimées; « pour avertir les morts, » ainsi qu'ils s'expriment, « de ne pas s'abandonner à de vains rêves de résurrection possible; » et voilà ce que l'on nomme le progrès et la civilisation du dix-neuvième siècle !

Puisse l'Europe occidentale se tenir sur ses gardes ! Des baies de Catare sur l'orageuse Adriatique, jusqu'à la mer Glaciale ; du Mein supérieur et de l'Elbe jusqu'à l'Irtiche, s'étend l'immense masse des Slaves. Nous venons de parler de la tendance de la Russie à mûrir parmi eux la pensée d'une solidarité d'intérêts, d'un avenir commun. Parmi toutes les races slaves, les Polonais seuls ont jusqu'ici repoussé avec constance ces insinuations de la Russie. Entre eux et la Russie existe encore l'ancienne haine ; le même abîme les sépare encore comme il y a un siècle; la Pologne tourne toujours encore ses regards vers l'occident, et en espère assistance pour l'accomplissement de ses vœux les plus ardents. Mais, peu à peu, cette confiance commence à chanceler; elle disparaîtra complètement, si, dans la guerre présente, l'Europe refuse encore de tendre la main à cette malheureuse nation. Sur les frontières de l'Allemagne, l'élément allemand se confond toujours davantage avec l'ancien corps polonais. De l'Est, la *russification* violente menace enfin de briser la résistance et de gagner du terrain. Qu'arriverait-il si les Polonais, abandonnés et trahis de tous les côtés, obéissant enfin à un sentiment naturel de vengeance, se rapprochaient de leurs frères par la race, et se réconciliaient avec eux, pour sauver du moins le caractère de leur origine, leur slavisme? La Pologne, qui, maintenant, par sa position et la nature de ses rapports, paraît destinée à servir, pour l'ouest, de premier rempart contre la Russie, deviendrait par là le poste avancé, l'avant-garde du slavisme réuni; et l'irruption finale du flux des peuples, partant du nord et de l'est, irruption que Napoléon Ier prévoyait d'un regard si perçant, ne se ferait plus attendre longtemps.

Mais si, au contraire, les Alliés se décident à débarquer une forte armée dans les provinces russes de la Baltique, ils peuvent compter que leur apparition dans ces pays produira un effet électrique sur toute la population de la Pologne. Des légions polonaises organisées d'avance peuvent provoquer de toutes parts l'insurrection en faveur de la marche des Alliés, et si, en même temps, l'armée du sud s'avance en Podolie, l'œuvre du rétablissement de l'ancien royaume des Jagellons sera bientôt accomplie[1].

Alors reviendrait le moment que Charles XII et Napoléon Ier ont manqué, mais que, cette fois, l'Europe coalisée ne manquerait certainement pas, le moment, disons-nous, de protéger et de défendre la Pologne, jusqu'à ce que l'édifice de son organisation intérieure fût achevé, assuré, et que ce pays eût trouvé en lui-même la force de pourvoir à son indépendance ultérieure et à la défense de ses frontières. En même temps, est offerte aux Alliés la possibilité de repousser encore davantage la Russie, et de la dompter complètement, si alors, et malgré ses pertes et ses défaites, elle ne voulait pas encore consentir à des conditions de paix équitables, et proportionnées aux circonstances.

1. Un agent important serait, en cette conjoncture, les éléments qui se sépareraient de l'armée russe, lesquels ne tarderaient certainement pas à se réunir sous les drapeaux alliés, pour la délivrance de leur patrie.

V.

Nous arrivons maintenant à parler des deux grands Etats de l'Allemagne : la Prusse et l'Autriche. Quant à la Prusse, il est impossible que cette monarchie soit un obstacle sérieux à la politique des Puissances occidentales. La force collective de la Prusse réside dans son peuple, et, depuis longtemps, son existence a été réformatrice. A partir de l'électeur Frédéric Ier, l'histoire de la Prusse l'indique à chaque époque. Toutes les fois que la Prusse a renié sa mission, elle a été humiliée ; dans le cas inverse, elle s'est élevée au-dessus des Etats voisins. Quelle différence entre la Prusse sous Frédéric-le-Grand, et la Prusse sous son successeur Frédéric-Guillaume II ! Quel sort eut la politique égoïste de Frédéric-Guillaume III, en 1806, et quel rôle brillant joua le même monarque lorsqu'il eut pour conseillers des hommes tels que Stein et Hardenberg ! En 1848, nous voyons aussi les yeux de toute l'Allemagne dirigés vers la Prusse, et le parlement issu de la révolution offrir au roi la couronne impériale. La politique du cabinet de Berlin repoussa cette couronne, et préféra envoyer ses troupes en Saxe et dans le grand-duché de Bade, pour y terminer promptement les mouvements populaires. La conséquence en fut le rétablissement de la Diète germanique, l'occupation, par les Autrichiens, du Schleswig-Holstein, la défaite de la politique prussienne dans la Hesse ; en un mot, la plus complète humiliation de la Prusse.

Il faut bien peu connaître la Prusse pour admettre la probabilité qu'elle puisse accéder à une alliance avec la Russie. Sur quoi voudrait donc s'appuyer en Prusse cette politique russe? Sur les chambres, qui, déjà à l'occasion du dernier emprunt, ont exprimé si clairement leur opinion? (A propos de quoi il ne faut pas oublier que tout le parti démocratique en Prusse ne prend point part à l'élection des députés.) Sur l'armée, dont le corps d'officiers est en partie d'opinions libérales, et, dans tous les cas, un des plus intelligents de l'Europe; armée dont les 120,000 hommes (sans landwehr), suffisent à peine à fournir de garnisons les forteresses et les plus grandes villes? Sur la landwehr? Sur le peuple? — Vraiment, il faudrait que les Puissances occidentales eussent peu de confiance en leur cause, si elles ne possédaient pas la conviction que : *aussitôt qu'elles représenteront un principe, aussitôt qu'elles feront sincèrement la guerre pour les intérêts de la liberté et du progrès*, l'immense majorité du peuple prussien sera de leur côté. Mais la Prusse entraîne tout le nord de l'Allemagne, et les sympathies pour la cause des Alliés ne se montreront certainement pas moindres dans le sud. Tout ce qu'il reste à faire à la Prusse et aux princes allemands, en pareilles conjonctures, c'est de demeurer, aussi longtemps que possible, dans la neutralité qu'ils ont observée jusqu'à présent; et plus tard, lorsque les événements presseront, de se déclarer contre la Russie. — Dans le cas contraire, leur destinée s'accomplirait; et, *à leur place*, dans de meilleures dispositions pour les Alliés, se présenterait *le peuple allemand*.

D'une plus haute importance pour les opérations des Alliés, sur le continent européen, et principalement sur le théâtre de la guerre au sud, est *l'attitude de l'Autriche*. Une armée d'invasion pénétrant, du Pruth et du Dniester, dans l'intérieur de la Russie, se trouvera, aussi longtemps qu'elle ne se sera pas assurée de l'Autriche, continuellement menacée sur ses flancs et ses derrières. Si l'on en vient à une campagne en Bessarabie, et de là à des opérations plus lointaines, les Alliés se verront, bon gré, mal gré, dans l'obligation de présenter à l'Autriche la question catégorique: *Pour ou contre?* — Dans le Nord, la neutralité de la Prusse peut leur suffire. Dans le Sud, la neutralité de l'Autriche s'attacherait à leurs talons comme une masse de plomb, paralyserait la marche de leurs opérations, les ferait dépendre des caprices du cabinet de Vienne, et pèserait sur leur tâche, jusqu'à la rendre inexécutable. On peut, il est vrai, se demander si l'Autriche donnerait suite à la question catégorique dont nous venons de parler, et se joindrait ouvertement et sincèrement à la ligue des Alliés; ou bien si, comme elle l'a fait jusqu'à présent, elle continuerait, dans les moments plus urgents, et fidèle à sa politique au double langage, à repousser par de vaines échappatoires, les insinuations des Alliés.

Depuis le commencement de la guerre, on a compté sans cesse sur la coopération de l'Autriche, et toujours l'on s'est abusé en cela. — On ne pouvait, ni en France, ni en Angleterre, comprendre pourquoi l'Autriche, dont les intérêts matériels gagneraient cependant le plus à une heureuse issue de la guerre, ne pouvait se décider à prendre une part active à la lutte contre la Russie. On se rappelait le développement de forces et la persévérance que l'Autriche avait montrés dans les guerres précédentes; on comptait ses armées, et on les trouvait assez nombreuses pour qu'elle pût, même à elle seule, tenir tête à la Russie. On n'oubliait qu'un point, savoir : que l'Autriche d'aujourd'hui n'est plus celle d'autrefois, et qu'il lui manque quelque chose dont on ne peut se passer dans une guerre contre la Russie : *l'élément populaire.*

Parmi les nations qui habitent l'agglomération bariolée des pays autrichiens, c'était surtout la hongroise, sur laquelle autrefois l'Autriche pouvait s'appuyer, et qui lui rendait possible de jouer, dans les grands événements du monde, un rôle si actif et si décisif. Quoique toujours blessée dans ses droits, cette nation, avec un dévouement et une générosité sans exemple, a sauvé cet empire vermoulu deux fois d'une ruine certaine, sous Marie-Thérèse et contre Napoléon Ier ; et elle aurait maintenant encore pu être prête à coopérer avec toutes ses forces contre la Russie, si, en 1849, elle n'eût été sacrifiée à l'arrogante manie de centralisation des hommes d'Etat autrichiens, et renversée avec l'aide des Russes. Cette mesure a fait des anciens Hongrois, si attachés à leur maison royale, des ennemis aigris et portant dans le cœur une haine mortelle à l'Autriche ; des hommes qui n'attendent que le moment favorable pour se lever comme un seul, pour se venger d'une injuste oppression, et secouer à jamais un joug honteux. La partie hongroise de l'armée autrichienne, autrefois la plus forte et la mieux éprouvée, est devenue un glaive à deux tranchants qui, à la première occasion, tournera sa pointe contre l'Autriche elle-même. Or, cette disposition des Hongrois est partagée par les Italiens, les Slaves du sud et les Valaques, et ce ne serait précisément que de ces éléments que l'on pourrait former une armée autrichienne pour opérer contre la Russie. Les autres troupes devraient être employées à contenir les populations frémissantes dans l'intérieur du pays. Mais que deviendrait cette armée après la perte d'une première grande bataille, et si, sur ces entrefaites, un soulèvement éclatait en Italie ou en Hongrie? Son alliage si laborieusement préparé, et en apparence si splendide, fondrait peu à peu et finirait par se dissoudre. Sans rencontrer d'obstacles considérables, les Russes passeraient les Carpathes, et, comme ils le firent dans la lutte des Grecs et des Serbes contre les Turcs, ils tendraient la main aux Hongrois et aux Slaves soulevés. Il n'est pas étonnant qu'en présence d'une telle perspective, l'Autriche ne se soit pas trop hâtée de déclarer la guerre à la Russie, mais qu'elle ait préféré remettre sur le pied de paix son armée concentrée en Gallicie, et la renvoyer dans les diverses garnisons, le tout par *raisons de santé*, ainsi que lord Palmerston l'a déclaré au Parlement anglais.

Ce « *parturiunt montes* » des efforts de l'Autriche contre la Russie, doit être principalement attribué à l'intervention russe en Hongrie[1] intervention qui, dans son temps, fut accueillie avec une si grande approbation par la majorité de la Chambre française, et contre laquelle le gouvernement libéral de l'Angleterre, d'ailleurs si préoccupé des intérêts de l'Europe, ne sut pas élever le plus petit mot d'opposition. Lorsqu'une médiation de la France et de l'Angleterre pouvait encore empêcher cette intervention, le re-

1. Lord Lyndhurst, autrefois chaud représentant de la politique autrichienne, persécuteur amer et insulteur des pauvres Hongrois dans la Chambre des lords, a changé subitement d'opinion ; lui aussi maintenant pousse des lamentations sur la faiblesse de l'Autriche et sa dépendance de la Russie.

présentant de la Hongrie à Paris, comte Ladislas Téléky, présenta un mémoire, dans lequel, avec les termes les plus persuasifs, il exposait les dangers qui devaient en résulter pour toute l'Europe : « L'Autriche sera sauvée par là, et l'Autriche est une des garanties de l'équilibre européen, de l'ordre et de la paix future. » — « Nous n'y pouvons rien ! » Voilà tout ce qu'on lui répondit. Aucun bras ne se leva en faveur de la Hongrie ; aucune tentative sérieuse ne fut essayée pour aider à aplanir le différend par une prudente médiation. On préféra rester tranquilles spectateurs, jusqu'à ce que la Hongrie fut écrasée, vivant dans la vaine erreur d'être utile à l'Autriche en se conduisant de cette manière, et ce qui est plus, nourrissant même l'espérance d'en faire plus tard une barrière naturelle contre les envahissements de son puissant voisin ; comme si la Russie n'eût employé tous ses efforts et accompli tous ces sacrifices, que pour élever contre elle-même un boulevard, et consolider un équilibre si peu conforme à ses intérêts particuliers.

Maintenant enfin, l'on voit clairement pourquoi eut lieu l'intervention russe en Hongrie, et combien elle a profité aux intérêts de l'Autriche. Celle-ci a été conduite par là à éteindre dans ses Etats jusqu'à la dernière lueur d'institutions constitutionnelles, et à sacrifier les anciens rapports fédératifs à une centralisation contre nature, qui, étouffant dans son germe tout développement national, jette dans le désespoir tous les peuples qui composent la monarchie. Depuis le jour où Paskiévitch écrivit à son maître : « La Hongrie se trouve aux pieds de votre majesté, » l'ancienne Autriche a cessé d'exister, et la nouvelle s'est bientôt vue sans principe vital, sans puissance au dehors, et contrainte, au dedans, de s'appuyer sur un système insensé de terreur et sur la force brutale.

Par sa généreuse intervention dans les affaires de la Hongrie, la Russie avait atteint son but provisoire. Elle avait privé de son existence distincte, et jeté dans les chaînes, le seul peuple encore dangereux pour elle sur les bords du Danube; le peuple qui, dans tous les soulèvements de la Pologne, s'était toujours montré disposé à secourir ses voisins opprimés ; le peuple dont l'existence en corps d'Etat et la force populaire exubérante étaient une menace permanente contre ses progrès en Turquie; le peuple qui, se pressant entre les Slaves du sud et ceux du nord, s'opposait à ses tendances panslaves; ce peuple qui, dans une guerre générale contre la Russie, aurait forcé l'Autriche à marcher avec la coalition : la Russie avait fait tout cela avec l'aide des Autrichiens, des Slaves du sud, et des Valaques facilement corrompus, afin qu'à son tour l'Autriche elle-même reçût le coup mortel, et fût rendue, à l'avenir, dépendante de sa volonté.

Jusqu'à quel point la Russie s'estimait assurée de l'Autriche, c'est ce que prouvent au mieux les conversations particulières publiées l'année dernière, et qui avaient eu lieu entre l'empereur Nicolas et l'envoyé anglais, sir Hamilton Seymour. Dans ces entretiens, l'empereur avait fait tout simplement l'observation que « lorsqu'une chose plaisait à la Russie, il fallait qu'elle plût aussi à l'Autriche. » Il est vrai qu'à cette assertion du Tsar, les défenseurs de l'Autriche opposent avec beaucoup d'ingénuité celle du prince de Schwarzenberg : « L'Autriche étonnera le monde par son ingratitude. » Mais jusqu'à présent ces dernières paroles ne sont encore qu'un vœu pieux du défunt, et ses successeurs ne paraissent point fort disposés à maintenir, contre la Russie elle-même, le principe qu'ils ont fait prévaloir avec tant de courage et de bonheur contre les peuples enchaînés.

Les faits sont plus éloquents que les mots. Lorsque l'on suit attentivement la politique autrichienne depuis 1849 : son intervention dans le Schleswig-Holstein, en faveur d'une succession tout-à-fait dans les intérêts de la Russie ; l'étouffement du mouvement constitutionnel dans la Hesse ; les continuelles menaces et intimidations à l'adresse de la Turquie durement opprimée, et, enfin, l'envoi de Linange comme précurseur de Mentchikof ; tout cela démontre assez clairement que la meilleure entente a régné, jusqu'à une certaine époque, entre les deux cours impériales du Nord; et qu'en présence de l'Occident, elles ont toutes deux suivi exactement les mêmes plans, savoir : en Allemagne, l'humiliation de la Prusse et la destruction de toutes les institutions constitutionnelles; en Turquie, l'affaiblissement de la Porte, par une continuelle immixtion dans ses affaires intérieures, et l'encouragement à la révolte qui en devait résulter pour les populations slaves du sud et les grecques. Nulle part autant que dans les feuilles autrichiennes, on n'a, peu après l'explosion et pendant la première période de la guerre actuelle, autant parlé de la décrépitude et de la nécessité d'une dissolution et d'un remaniement de la Turquie; et nulle part, l'armée turque et son général, qui cependant ont opposé aux Russes, sur le Danube, une si vaillante résistance, n'ont été jugés plus défavorablement qu'à Vienne. Ce n'est que depuis que la guerre a pris une tournure plus sérieuse, que la perspective d'une dissolution de la Turquie a été toujours plus reculée, et que l'on a commencé à comprendre qu'une politique déguisée, douteuse, promettait un bien plus grand avantage; ce n'est que depuis lors, disons-nous, que date une plus grande modération dans la presse autrichienne, qui, inspirée par le gouvernement, a changé subitement de ton, et, d'une manière tantôt plus, tantôt moins hostile, mais toujours en rapport avec les circonstances, a attaqué la Russie. Par là, et par son adhésion apparente à l'alliance des Puissances occidentales; plus tard, par les concentrations de troupes en Gallicie et en Transylvanie; par les assurances continuelles de vouloir passer de la démonstration à l'action elle-même, et enfin par l'adroite conduite de son envoyé à Constantinople, lequel sut se donner l'apparence d'être l'ami le plus chaud des Turcs, et parvint à faire oublier tout ce que, depuis 1849, l'Autriche avait fait de mal à la Turquie[1]; par cela d'une part, et de l'autre, par la promesse donnée secrètement à la Russie de garder sa neutralité, le cabinet de Vienne réussit à demeurer, avec les deux Puissances belligérantes, si ce n'est sur le pied le meilleur et le plus amical, du moins dans des rapports bons et pacifiques, à exclure la Prusse des conférences, et à s'approprier la part du lion dans toute la guerre faite jusqu'alors : la possession des deux Principautés du Danube. Dans le fait, il faut rendre aux hommes d'Etat autrichiens la justice d'avouer qu'ils ont par-

1. Les incitations en Bosnie; la protection ouverte et active accordée aux Monténégrins; la réception brillante de leur prince Daniel Pétrovitch, à Vienne; la mission de Linange; le texte primitif de la note de Vienne; la protestation contre l'entrée de la flotte alliée dans la mer Noire; les notoires services d'espionnage de tous les consulats autrichiens en faveur de la Russie; l'attitude des feuilles autrichiennes au commencement de la guerre; et récemment la conduite des troupes d'occupation et des autorités autrichiennes dans les Principautés.

faitement su tromper les Puissances occidentales sur leurs véritables desseins. Cette fine politique, qui a si bien réussi jusqu'à présent, a cependant, selon toute apparence, dépassé maintenant son point culminant. Les plus incrédules commencent aujourd'hui à se convaincre qu'elle n'a servi que la Russie, et en aucune façon les intérêts des Alliés ; et qu'il ne faut attribuer qu'à la neutralité de l'Autriche l'état si déplorable de la conduite de la guerre par les Alliés, tel que nous le voyons actuellement [1].

1. Nous devons réfuter ici une assertion que lord Palmerston a jugé bon de faire dans un de ses derniers discours au Parlement. Il a dit : « *Nous devons à l'Autriche l'évacuation des Principautés par les Russes.* » S'il avait ajouté : « *et d'avoir pu entreprendre l'expédition de Crimée* », la phrase eût été, à la vérité, un peu plus compréhensible, mais elle serait toujours restée inexacte dans sa première moitié. Nous avons indiqué, dans le premier chapitre de cet écrit, les causes probables qui ont pu engager les Russes à lever le siège de Silistrie, et à repasser le Danube. Leur campagne en Bulgarie se termina là, et nous demandons à tout militaire qui sait réfléchir, si, en pareilles circonstances, il leur était plus longtemps permis de rester dans la dangereuse position de cordon entre Kalafat et Galatch? Sur chaque point les Alliés auraient pu forcer cette ligne, ou bien, partant de la Petite-Valachie, la prendre de flanc et l'entourer. Ou bien encore, ils pouvaient employer leur nombreuse flotte au débarquement de masses suffisantes, entre Odessa et les Bouches du Danube, et menacer les Russes sur leurs derrières. Une fois obligés d'évacuer la Valachie, les Russes abandonnaient volontiers la Moldavie, ne visant qu'à ce seul point : *que les Alliés ne s'établissent pas dans ces pays,*

Cette neutralité de l'Autriche a pris un caractère beaucoup plus dangereux pour les Alliés, depuis qu'à Vienne l'on a trouvé bon de lui enlever même la dernière apparence démonstrative contre la Russie, et, à l'exception de l'armée d'Italie et des renforts qu'on lui a envoyés, de mettre tous les autres corps sur le pied de paix. La Russie, délivrée de toute incertitude et de tout souci sur l'étendue entière de ses frontières de l'ouest et du sud-ouest, de la Baltique à la mer Noire, se trouve conséquemment placée dans la situation la plus avantageuse pour pouvoir paraître, avec des masses supérieures, aussi bien sur le théâtre de la guerre au sud, que sur sa frontière du nord. Il se pourrait qu'avant qu'il fût longtemps, les Alliés sentissent sur ces deux théâtres tout le poids de la supériorité numérique des Russes, plus encore que jusqu'à présent. Il faudrait alors que l'Autriche fût instamment sommée d'accomplir ses promesses, et l'on verrait si elle prendrait parti *pour* ou *contre* les Alliés. La première de ces résolutions ne serait imaginable que si l'Autriche reniait subitement tout son système politique depuis 1849, renonçait pour toujours à ses goûts de centralisation,

mais bien leurs amis les Autrichiens. Lord Palmerston eût mieux fait de considérer l'aide autrichienne au travers de lunettes un peu plus fortes, et de donner, par contre, à l'apparition des Alliés dans l'Orient, un peu plus de poids qu'il ne l'a fait dans son discours.

rendait à l'Etat l'ancienne base fédérative, en un mot, si elle abordait une politique libérale et loyale, et, avant tout, cherchait dans l'intérieur du pays même les amis qui lui seraient nécessaires pour ne pas, dans une attaque contre la Russie, être prise en arrière par ses propres peuples. Si, de la manière que nous venons d'indiquer, l'Autriche savait gagner les esprits dans ses provinces, elle serait peut-être en état de se ranger véritablement au côté des Alliés, et de coopérer vigoureusement à la lutte. Mais comment supposer que les mêmes hommes qui, depuis 1848, ont tout fait pour aigrir le plus possible les peuples, et pour élever leur faible édifice de police et de bureaucratie, que ces mêmes hommes, disons-nous, renversassent eux-mêmes maintenant et d'un seul coup, cette œuvre dont ils étaient si fiers jusqu'à présent? N'est-il pas beaucoup plus probable que, dans un embarras si extrême, ils s'appuieront plutôt sur la Russie, et que, réunis à cette Puissance, ils procéderont au dernier expédient, au rétablissement de la Sainte-Alliance? En tout temps les hommes d'Etat de l'Autriche ont cherché, et cherchent encore aujourd'hui, leur appui principal dans la Russie. Ils peuvent bien trouver leur intérêt à voir cette protectrice, devenue trop impérative, un peu humiliée par les armes des Alliés; il se peut bien aussi qu'ils souhaitent que la Russie n'entre pas trop tôt en relation directe avec l'élément slave du sud qui menace l'Autriche aussi bien que la Turquie; mais ils ne voudront jamais entendre parler d'une diminution ou d'un abattement véritable de la puissance russe, parce que dans leurs rapports intérieurs, et à cause de la position géographique de leur Etat, ils ne peuvent compter, au moment du danger, pour un secours rapide ni sur la lointaine Angleterre, ni sur la France capricieuse et ondoyante, mais seulement sur l'empire des Tsars, qui est à sa frontière et qui ne connaît pas de revirements à sa politique. Cela est tellement clair, qu'il n'est besoin d'aucune analyse plus détaillée, et, tôt ou tard, on aura la preuve que l'Autriche, bien loin de former un boulevard contre la Russie, n'a fait, au contraire, que hâter encore les périls qui menacent l'Europe de ce côté.

Pour remplacer cette barrière fictive contre la Russie, il n'y a qu'un moyen: le rétablissement de la Pologne, dont nous avons déjà parlé, et la formation d'un puissant Etat fédératif, composé de tous les pays non allemands du Danube, à partir du nord des Carpathes, jusqu'à l'Adriatique et la mer Noire. Les pays dont nous parlons sont : la Hongrie avec la Transylvanie, la Croatie, la Slavonie, la Dalmatie, le Monténégro, la Bosnie et l'Herzégovine, la Servie, la Moldavie et la Valachie, la Bessarabie et la Boukovine.

La situation géographique de ces pays, ainsi que la distribution des principaux peuples qui les habitent, savoir : les Hongrois, les Slaves du sud et les Roumains ; leurs intérêts spéciaux, leur passé historique et leurs traditions, ne permettent pas de songer raisonnablement à une fusion en un seul Etat centralisé. Le lien fédératif seul peut les réunir, si leur développement futur, et surtout leur existence comme Etats, doit devenir possible. Il s'ensuit la nécessité du rétablissement ou de la formation de trois Etats : d'un Etat hongrois, d'un Etat slave du sud et d'un Etat roumain ou valaque. Indépendants entre eux et pourvus chacun de leur propre administration, ces peuples pourraient toujours se trouver sous un gouvernement fédéral, qui aurait à surveiller et à régler leurs rapports internationaux, leurs communs intérêts de commerce et de guerre. Que ce gouvernement fédéral fût républicain ou monarchique, c'est ce dont décideraient les circonstances et la marche ultérieure des événements.

Une telle ligue des pays danubiens, bornés au nord par les Carpathes et le Dniester ; au sud, par le Danube et la chaîne occidentale des Balkans ; baignés à l'est par la mer Noire, et, à l'ouest, par l'Adriatique, et coupés diagonalement dans toute leur longueur par le puissant cours du Danube ; riches, fertiles et habités par une population vigoureuse de vingt-quatre millions d'âmes, offrirait à l'Europe occidentale une bien autre garantie contre l'invasion du nord, que l'Autriche actuelle qui, malgré la faveur des circonstances, malgré les efforts encourageants des deux Puissances occidentales, ne peut tirer un coup de feu contre son voisin, sans en être ébranlée même dans son existence et dans ses fondements intérieurs.

Dans sa dernière guerre, réduite à elle seule, et séparée de tous les côtés de l'étranger, la Hongrie forma de rien, en quelques mois, une armée qui menaça d'anéantir l'Autriche, et qui ne put être domptée que par tous les efforts des secours russes. Elle comptait environ 160,000 hommes, et, si la guerre avait continué, elle eût monté en peu de temps à un chiffre double. Les pays slaves du sud, dont la population est brave, guerrière et complètement armée, pourraient facilement mettre en ligne 150,000 hommes; 80 à 100,000 combattants se rassembleraient, en quelques mois, dans les pays valaques. Cela donnerait en somme une armée de plus de cinq cent mille hommes, dont les Alliés disposeraient pour une guerre offensive contre les Puissances du Nord, supposé que l'Europe occidentale répondît aux justes réclamations des pays ci-dessus nommés[1].

1. La formation de ce nouveau et grand Etat, apporterait quelque préjudice à la somme des possessions territoriales et aux droits de souveraineté de la Turquie en Europe; mais on pourrait l'indemniser amplement sur la mer Noire et en Asie, en lui abandonnant la Crimée et d'autres territoires habités par ses co-religionnaires. La Servie, la Bosnie et les Principautés du Danube n'apprêtent, depuis des années, que des embarras

VI.

Un appel aux nationalités sur le Danube et la Vistule, exige l'adoption du même principe, et, par conséquent, la même conduite en Italie. Le premier pas vient d'être fait par l'accession du Piémont à l'alliance des Puissances occidentales.

Lorsque cette question si importante pour toute l'Italie fut discutée dans les Chambres sardes, on vit l'opposition libérale divisée en deux camps. La cause en était la circonstance particulière que, cette fois, les intérêts de la nationalité italienne pouvaient se croire en contradiction avec les intérêts généraux de la civilisation européenne. La manière dont les Alliés faisaient la guerre, les continuelles flatteries qu'ils prodiguaient à l'Autriche, le traité du 2 décembre, et la façon dont ils comprenaient l'indépendance de la Turquie, tout cela décourageait une partie des libéraux piémontais. Ils s'écriaient : Devons-nous, nous qui toujours avons déclaré si hautement et si solennellement être les champions de la liberté et de l'indépendance de l'Italie, devons-nous tout à coup combattre côte à côte avec les ennemis les plus acharnés et les plus irréconciliables de ce pays? devons-nous nous laisser enlever en quelques jours

à la Turquie, et la renonciation volontaire et tempestive de cet Etat ne serait certainement qu'utile au maintien futur et au rajeunissement de l'empire ottoman.

les fruits des efforts soutenus de plusieurs années, et justifier ainsi les accusations de nos adversaires, qui disent que le Piémont est incapable de marcher à la tête du mouvement national, et qu'à l'avenir comme dans le passé, il ne sera que le jouet tantôt de la France, tantôt de l'Autriche?

Les défenseurs de l'alliance avec les Puissances occidentales répondaient à cela, que de deux ennemis il fallait en premier lieu atteindre le plus fort et le plus dangereux; que la Russie était beaucoup plus à craindre que l'Autriche; et que, lorsqu'une fois le colosse du Nord serait dompté, la double aigle autrichienne aurait aussi perdu le tranchant de ses serres. Ils répliquaient de plus, que l'amitié de l'Autriche pour les Puissances occidentales ne s'était encore nullement confirmée par des faits, et que lorsque, tôt ou tard, la politique de Vienne reprendrait son vrai caractère, la tâche du Piémont, comme allié de la France et de l'Angleterre, deviendrait d'autant plus belle et plus importante.

Le cours des événements confirme chaque jour davantage la justesse de ces vues; et, plus la guerre dure, plus les proportions s'en agrandissent, plus remarquablement aussi le Piémont s'approche de sa véritable mission.

C'est une ancienne vérité suffisamment démontrée par l'histoire, qu'en Italie deux influences opposées se disputent toujours le champ: la *française* et l'*al-*

lemande. Lors même que l'Italie aura acquis sa complète indépendance, à cause de sa situation géographique, ces influences subsisteront ; avec cette différence pourtant, que l'Italie, une fois libre dans ses actes et sa volonté, aura le droit de poser des conditions au choix de ses amis, et de s'opposer ouvertement à ses ennemis ; le droit de conclure d'un côté des alliances, et, de l'autre, de défendre ses intérêts, le glaive à la main. Mais, de quel côté l'Italie peut-elle se ranger dans le moment actuel où il ne s'agit pas encore directement de ses intérêts, et où toutefois le rôle de spectatrice inactive ne lui est pas permis? Quelle est l'alliance qui répond le mieux à son sentiment national, à ses mœurs, à ses espérances et à ses sympathies? Ce n'est certainement que l'alliance avec la France. Qu'importe que la France porte le titre de république, de royaume ou d'empire? Qu'importe la forme, si la France ne représente qu'une politique opposée à celle des Puissances du Nord?

L'occupation de Rome en 1849, a été une impardonnable faute de la politique française, un crime envers la cause de l'Italie : puisse-t-il ne pas effrayer les patriotes! Par une intervention ultérieure, la France réparera ce faux pas ; et par le secours qu'elle portera à l'Italie, elle paiera sa dette actuelle. Des peuples dont les intérêts naturels sont aussi étroitement liés que ceux de la France et de l'Italie, ne peuvent pas rester trop longtemps désunis ; ils ne peuvent permettre que le froid qui les sépare momentanément se change en haine amère : si cela arrivait, de tristes conséquences atteindraient également les deux nations.

Mais la guerre actuelle en Orient offre, en outre, aux troupes italiennes qui y sont envoyées, l'occasion de fournir au monde, par leur persévérance et leur bravoure, la preuve que l'Italien possède toujours encore les mêmes vertus guerrières que ses ancêtres; et que si même sa patrie gémit sous le joug étranger, il n'en faut chercher la cause que dans le malheur des circonstances, et dans la situation générale de l'Europe.

La faiblesse numérique du corps auxiliaire italien, est la seule chose qui en cela nous remplisse de tristesse. L'Italie qui, en présence de sa population de plus de 25,000,000 d'âmes, de sa richesse, de son intelligence, de ses traditions glorieuses, de son enthousiasme pour tout ce qui est grand et beau, dans la lutte actuelle du monde serait appelée à jouer un des rôles les plus importants, peut à peine envoyer 15,000 hommes en Orient, et se voit même, pour les tenir sur pied de guerre, forcée d'emprunter de l'argent à l'Angleterre. Cela témoignera un jour à quel degré de défaillance l'oppression de l'étranger, le gouvernement des prêtres et une hideuse réaction ont fait descendre la belle péninsule. Mais ces tristes circonstances changeront du jour où la guerre présente deviendra une lutte de principes, et où l'Autriche, suivant son impulsion intérieure, se jettera ouvertement dans les bras de la Russie. L'Italie, alors, pourra ramasser assez de forces pour se ranger dignement aux côtés de la France et de l'Angleterre. L'armée piémontaise compte 80,000 hommes; la napolitaine 80,000; la Toscane en possède 15,000; les Etats de l'Eglise 15,000; les Duchés 10,000 : le tout donne 200,000 combattants. Les provinces lombardo-vénitiennes ne pourraient à la vérité, dans le premier moment, fournir aucune troupe organisée, parce que les régiments italiens-autrichiens se trouvent, pour la plupart, en garnison dans d'autres pays ; mais l'affluence de volontaires sous les drapeaux alliés n'en serait précisément que plus considérable dans ces provinces. Par des levées dans toutes les parties de l'Italie, par la réorganisation du pays et l'inauguration d'une politique libre et nationale, il serait facile de porter au double cette force militaire, dans le courant d'une année.

Dans une grande lutte des peuples contre la Russie et ses alliés, l'Italie pourrait donc se présenter avec une armée qui, par elle seule, serait aussi forte, et même plus forte, que ne le sont toutes les troupes actuellement employées contre la Russie, en y comprenant les Turcs.

CONCLUSION.

La guerre actuelle a été entreprise pour briser la prépondérance de la Russie dans l'Orient, et pour assurer l'Europe contre le retour de complications semblables à celles qui ont troublé la paix en 1853. C'est du moins ce que déclarèrent solennellement les gouvernements de France et d'Angleterre, lorsqu'ils réclamèrent de leurs peuples les moyens et les sacrifices nécessaires pour cette guerre. Ils ajoutèrent qu'elle serait courte, mais décisive. L'état précaire du siège de Sébastopol, l'incertitude de l'état des choses sur le Danube, enfin les progrès considérables des armes russes en Asie, prouvent suffisamment combien l'on se trouve encore loin du but.

Si, en de telles ou de pareilles circonstances, la paix se concluait, la Russie n'aurait pas à se plaindre de l'issue de la guerre; elle n'aurait rien perdu; elle aurait gagné, au contraire. Considérée jusqu'à ce jour comme invincible dans son intérieur seulement, dès maintenant elle possèderait aussi cette apparence même sur ses frontières. La crainte de la puissance russe en serait augmentée; l'influence russe croîtrait, et les dangers qui menacent l'Europe du côté du nord et de l'ouest, se trouveraient doublés.

Avant d'entreprendre une guerre, il est nécessaire d'en apprécier la nature et les limites, et il faut surtout bien se garder d'en vouloir faire quelque chose que, d'après les circonstances données, elle ne peut pas être.

Les Alliés, bornés à leurs propres forces et laissés dans l'isolement par le reste de l'Europe, auraient, dès le commencement, et en présence de leur insurmontable frayeur des mouvements révolutionnaires, beaucoup mieux fait de se proposer un but plus modeste, et de rayer de leur programme toute attaque sérieuse contre la Russie.

Par terre, soutenir directement la défense des Turcs contre l'attaque de la Russie, et par mer, inquiéter et bloquer les côtes et les ports russes, aurait parfaitement suffi pour atteindre, avec infiniment moins de sacrifices, au même résultat que les Alliés ont obtenu jusqu'à présent, savoir : de forcer la Russie à renoncer pour *cette fois* à ses projets de conquête sur la Turquie, et à les différer jusqu'à une autre et meilleure occasion.

Mais les Alliés ont déclaré vouloir entreprendre contre la Russie une guerre décisive, et vouloir affaiblir sa puissance de telle sorte qu'elle ne soit plus un danger pour la paix de l'Europe. Par là, ils ont promis une chose qu'ils étaient hors d'état de tenir, parce que les forces nécessaires leur manquaient, et parce qu'ils reculaient d'avance devant les moyens qui seuls pouvaient les leur donner.

Une Puissance aussi considérable que la Russie ne peut plus être réduite par des demi-guerres, des guerres politiques. Il n'y a qu'un moyen de la dompter : la levée de masses plus fortes et plus puissantes que celles dont elle dispose elle-même ; autrement dit : au lieu d'une guerre de cabinet telle qu'on l'a faite jusqu'à présent, une guerre de peuples et de principes.

C'est contre cette nécessité inévitable que nous nous sommes heurtés partout, lorsque, dans les chapitres précédents, nous avons essayé d'éclairer les opérations futures et possibles des Alliés.

Au nord comme au sud, sur les côtes de la Baltique comme sur les bords de la Vistule, dans le Caucase et sur le Danube, les forces de la France et de l'Angleterre ne suffisent pas pour une guerre d'invasion contre la Russie.

Lorsque les monarques de l'Europe se liguèrent contre les tendances de domination universelle de Napoléon Ier, une semblable conviction les anima aussi. Napoléon et la France d'alors possédaient trop de puissance pour pouvoir être domptés par les armées, par les pures forces militaires des pays du Nord et de l'Angleterre seulement ; en conséquence, les monarques se décidèrent à employer le même expédient que nous proposons maintenant contre la Russie : ils firent un appel aux peuples.

Séduits par des promesses que plus tard on ne tint pas, les peuples se levèrent ; d'énormes forces marchèrent contre les frontières de la France, et ni le génie de Napoléon, ni le courage héroïque de l'armée française, ne purent rien contre la puissance supérieure et le poids écrasant des masses.

Pourquoi, en 1855, l'alliance anglo-française éprouve-t-elle plus de crainte d'un appel aux peuples, que n'en ressentit la Sainte-Alliance en 1813 et 1814, lorsqu'il s'agissait de la chute de Napoléon Ier [1] ? Serait-ce frayeur d'un bouleversement général, ou du danger de ne plus rester alors maîtres des événements ?

Cette crainte n'est pas fondée ; car ce n'est point à la solution de questions sociales contestées, telles que celles qui remuent l'Europe occidentale, qu'aspirent les pays qu'il s'agit de soulever contre la Russie ; mais seulement au rétablissement de leurs droits traditionnels et naturels, et à une existence comme Etats, ce premier fondement de toute société poli-

1. Les royaumes fondés par Napoléon Ier, comme Naples, la Hollande et la Westphalie, étaient tout aussi légaux et reconnus par des traités, que la domination actuelle des Russes sur la Pologne : fondés par la force des armes, ils sont tombés par la force des armes.

tique. Nous avons parlé précédemment des forces de ces nationalités. Si les Alliés veulent tenir la promesse qu'ils ont faite si solennellement devant le monde entier, ils ne peuvent y parvenir que par l'aide de ces nations.

Un million de combattants se mettra en mouvement contre la Russie et ses alliés, aussitôt que la France et l'Angleterre changeront la devise adoptée aujourd'hui, et au lieu de « l'intégrité de la Turquie, » annonceront aux nationalités opprimées, qu'elles requièrent leur coopération pour leur rendre la liberté, et à l'Europe menacée, qu'elles ont pris la résolution de repousser la Russie dans ses limites naturelles.

Les forces nationales réunies de la Pologne, de la Hongrie et de l'Italie, soutenues par la France et l'Angleterre, par la Suède et la Turquie, suffiraient (qui pourrait en douter !) à briser pour jamais la prépondérance de la Russie en Europe.

De quelque façon que l'on cherche, en France et en Angleterre, à fermer les yeux et à dénaturer les faits et la situation des choses, la guerre, telle qu'elle a été conduite jusqu'à maintenant, ne mènera et ne peut mener à aucun résultat satisfaisant. D'inutiles hécatombes d'hommes, des dépenses et des sacrifices poussés jusqu'à l'absolue impossibilité d'en obtenir de nouveaux, et, dans le meilleur cas, une paix véreuse qui remettra tout sur le pied du *statu quo ante bellum*, voilà tout ce que l'on peut attendre de plus favorable. Mais il y a aussi possibilité de cas moins favorables qui pourraient se présenter facilement, si la France et l'Angleterre perdaient, en Europe, la popularité sur laquelle elles se sont appuyées jusqu'à présent.

En tout état de cause, la Turquie, par l'énorme affaiblissement qu'elle a souffert sur ces entrefaites, n'en sera que plus mûre pour succomber, et la question d'Orient devra être reprise, dans fort peu de temps, en présence de circonstances beaucoup plus difficiles que cette fois-ci. En conséquence, nous disons : ou une véritable guerre contre la Russie, une guerre de principes ; ou la paix ! A quoi bon, demandons-nous, les expéditions dévastatrices et injustifiables sur les côtes de la Baltique, dans la mer Noire et celle d'Azof? A quoi bon miner pour des dizaines d'années la prospérité de l'Europe? A quoi bon retarder la marche de la civilisation, de l'industrie et du commerce? A quoi bon tout cela, si le seul résultat en est de ne parvenir à rien, ou ce qui serait encore plus mauvais que rien, d'obtenir une paix insuffisante qui fortifiera de nouveau la puissance de la Russie?

Pour continuer la guerre avec plus de chances de succès, nous croyons qu'il faudrait songer sérieusement aux mesures suivantes :

Mettre un terme, aussi promptement que possible, à l'expédition de Crimée, et porter sur le Danube le théâtre principal de la guerre d'Orient.

Débarquement d'une armée suffisante sur les côtes de la Baltique, et démarches nécessaires pour décider la coopération de la Suède.

Rétablissement d'un puissant Etat polonais.

Rejet de la neutralité autrichienne, et question catégorique adressée à cette Puissance : *pour ou contre*[1] ?

Dans le cas où (comme nous en avons la conviction) l'Autriche ne répondrait pas aux vœux des Alliés, formation d'une Confédération des pays non allemands du Danube, avec la Hongrie, comme centre de gravité, et simultanément soulèvement et délivrance de l'Italie.

Finalement : emploi de toutes les forces turques en Asie, pour y rejeter les Russes au-delà du Caucase.

Ce n'est que par ces moyens que l'on peut espérer d'arriver à une solution définitive de la question actuelle, et à poser les bases d'un réel équilibre européen. Si les deux Puissances occidentales ne nourrissent pas cette conviction ; si elles ne croient pas devoir chercher une si grande solution, elles feront mieux de remettre l'épée dans le fourreau, en avouant

1. Nous parlons ici du point de vue militaire, et repoussons par conséquent toute appréciation erronée de nos thèses.

avoir entrepris une chose pour l'exécution de laquelle elles se sentent trop faibles.

Une lutte sans principes, sans perspective de résultats grands et véritables, est, au point où se trouve actuellement la civilisation européenne, un crime envers ses intérêts les plus sacrés.

Le temps presse. L'hiver s'avance. En France et en Angleterre les journaux commencent à parler de la possibilité d'une seconde campagne d'hiver en Crimée. Cette résolution serait une nouvelle preuve que les gouvernements sont décidés à persister dans une guerre toute d'hésitation, et dans la politique conservatrice qui en est la cause. Plus tard, le rembarquement commencera, nous le répétons ici; plus grandes seront les pertes; moins favorables se présenteront les chances pour les campagnes prochaines. Si, au contraire, l'expédition devait être terminée même sans qu'on eût pris Sébastopol, l'honneur militaire des Alliés n'en sortirait pas moins sans tache de la lutte. Le courage antique, le dévouement sans exemple et la constance des troupes alliées, leur assurent un nom glorieux et impérissable dans l'histoire de tous les temps.

FIN.

www.ingramcontent.com/pod-product-compliance
Ingram Content Group UK Ltd.
Pitfield, Milton Keynes, MK11 3LW, UK
UKHW021054230726
13926UKWH00004B/1836

9 782013 496124